別府式
湯〜園地大作戦

～地域のために情熱を注ぐすべての人たちへ～

[共著]
別府市長
長野恭紘
総合監修
清川進也

はじめに
Thank 湯〜 Very Much!!!

２０１６年11月24日の昼下がり、私の執務室に、市役所のスタッフが駆け込んできました。

「動画が凄いことになっています！」

何を言っているのかはすぐにわかりました。実はこの小一時間、私のデスク上のパソコンで、ユーチューブで公開されているその動画を何度も何度も観ていたのですから。

それは私が市長を務める別府市のプロモーション動画です。もう何十回観たかわからないその動画ページを、この日は何度も再読み込みしていました。見ているのは動画の再生回数です。ページを更新するたびに、再生回数は数十単位ではね上がっていました。

その動画の再生回数が１００万回を超えたとき、別府市に、市民に、私に、とんでもないことが起きます。その始まりが来るのを、今か今かと待っていたのです。もちろん覚悟はしています。１００万回再生達成は、はなから確信していたのですから。それでもそのときが近づくと、心臓の鼓動が早くなるのを止められません。

別府市や私にとって、プロモーション動画の公開はこれが初めてではありません。大手広告代理店の協力で、すでに多くの動画を作成し、ユーチューブでの公開をしていました。それなのに、１本の動画の再生回数をじりじりしながら見守っていたのは、これが別府市民が手弁当で協力してくれて、地元の力で最初から最後まで作り上げた記念すべき作品だからで

Youtube に掲載された「湯～園地」計画のタイトル。ここから翌年の７月まで続くお祭り騒ぎが始まった。

す。そして、もうひとつの大きな理由がありました。

その動画には私も登場します。そして私はこう宣言するのです。

「動画の再生回数が１００万回を超えたら、この動画の計画を必ず実行する！」

政治家の言葉にうそがあってはなりません。この宣言は私の約束、市長としての公約になります。このシーンにより、この動画は単なる自治体のプロモーション動画ではなく、日本でおそらく初めての「公約動画」となりました。

市役所スタッフが血相を変えて飛び込んできたのはそのためです。なぜなら、この動画には、ほとんど実現不可能と思われるシーンがたくさん詰め込まれていたからです。

遊園地をバスタオルを巻いたままの老若男女が闊歩

する。お湯をはったジェットコースターが水しぶきを撒き散らし、地上のベンチで語らうカップルに派手にお湯をぶっかける。メリーゴーラウンドや観覧車も湯船です。それは温泉だらけの遊園地、「遊べる温泉　湯～園地」のイメージビデオなのです。

遊園地の使用許可は取れるのか？　温泉はどうやって運び、どう供給するのか？　アトラクションの改造はできるのか？　遊園地スタッフはどうやって集めるのか？　そもそもこんな遊園地、本当に一般の人に受け入れられるのか？

現実化、具体化を考えると、実務的な難問が山積しているのは明らかです。

駆け込んできた彼は、「このままでは大変なことになりますよ。予算はどうするんですか？誰が何の責任者になるんですか？」……と言いたそうな顔をしていました。彼の頭の中はこれから当分続くであろう多忙な日々への心配が渦巻いていたはずです。この時点では予算の目処も、開催地の承諾も、具体的なことはなにひとつ決めていなかったのです。

やがてそのときがやってきました。更新ボタンをクリックすると、視聴回数がついに100万回を超えました。その瞬間、思わずひとりでガッツポーズ。その直後、また彼が来ました。

「ついに100万回を超えました！」

動画のシーン：最下段は足湯に浸かりながら、100 万回再生でこの「湯〜園地」をリアルに実現すると宣言した瞬間。右となりの男性は、「湯〜園地」本番のセレモニーで「市長の長野です」と挨拶して一躍アイドルになった“ 別府のさっしー ”。

市役所のみんなが気にしていたのですね。いくらか青ざめて見える彼を見ながら、彼には悪いですが、してやったりと達成感にしばしひたりました。しかし内心、動画の拡散スピードのあまりの速さに驚いてもいたのです。本当は、100万再生までに数週間からひと月くらいはかかるだろうと踏んでいました。ところが公開したとたんに再生回数ははね上がり、なんと足掛け4日で達成してしまいました。これだけは想定外でした。

それから約8ヵ月後の2017年7月29日、「湯～園地」は本当に実現しました。いえ、別府の皆さんと全国の協力者の皆さんが実現させたのです。別府市民なら誰でも知っている古くからの遊園地「ラクテンチ」をお借りして3日間開催されたこの「まつり」には、全国から合計9165名の方においでいただきました。これは別府市民が主役となり、一丸となって成し遂げたひとつの奇跡。温泉と別府を愛する皆さんのおかげです。その愛情に感謝し、この新しい「まつり」の記憶を形にするために、総合監修を務めていただいた清川進也さんと一緒に、この本を書くことにしました。

この本では、「湯～園地」実現までの長いような短いようなみちのりと、開催日の興奮、そしてこの「まつり」の意義と、将来に継承すべき本質的な部分は何かについて語るつもりです。しかしその前に、どうしても言っておきたいことがあります。これに関わってくれた

Declaration
公約宣誓書

第27代　別府市長　長野　恭紘(ながの　やすひろ)は、世界一の温泉湧出量を誇る別府市の魅力を世界にむけて発信するための、新たな都市構想として「SPAMUSEMENT PROJECT～遊べる温泉都市構想」を発表いたしました。
これを具現化すべく、以下の事項を第一弾展開として実施いたします。

記

1.「遊べる温泉都市」のイメージを集約した構想発表ムービーを公開する

2.在任期間中に当該ムービーの再生回数が 100 万を達成した場合、別府市内において"遊べる温泉"「湯～園地(SPAMUSEMENT)」を実際に開設する

なお、本計画の実行に関しては、ムービーの 100 万再生達成後、速やかに詳細計画を策定。実現にむけたスペシャルタスクフォースチームを編成し、詳細計画発表後一年以内の実現を目指します。

以上

平成 28 年 11 月 21 日

署名

公約宣誓書：動画の中での宣言だけでなく、こんな宣誓書も作成した。これが固い約束であることを、納得してもらうためだ。同時に自分自身の決意をさらに固めるものでもある。

皆さんに、まずお礼が言いたいのです。今でも開催前、開催中、開催後の皆さんの笑顔が目に浮かびます。開催中の笑顔はもちろん、その前後の打ち合わせと作業だけの日々も、楽しそうに、うれしそうに汗を流してくださいました。もちろん、私のために働いてくれたわけではさらさらないはずです。別府を愛し、別府のために何かできることをしたいと心から思ってくれていたに違いありません。そのことに対して、発案者として、また別府市長として感謝でいっぱいです。

まずは「湯～園地」実現のために、暑いさなかにお集まりいただいた1100名のボランティアスタッフの皆さん、本当にありがとうございました。皆さんの力がなければ、絶対に不可能だった「まつり」です。さまざまな工夫で来園者の皆さんを絶えず笑顔にしてくれたこと、決して忘れません。この本は、皆さんの活躍ぶりを記録するものでもあります。この3日のために結束し、一緒に力を合わせた方々は、みんな仲間になれました。その結束力はこの次の何かの取り組みに際しても、さらに強化されて発揮されるものと思います。きっとそのときは「湯～園地」よりもさらに楽しい体験が待っているはずです。どうか「湯～園地」の思い出を大切になさって、今後の別府市の取り組みにもご協力ください。

また開催のための資金をご提供くださった皆さんも、ありがとうございます。出資者の皆

最終日の市民ボランティアスタッフ集合写真。3日間汗だくで「湯～園地」を盛り上げてくれた市民の皆さんや協力者の皆さん、本当にありがとうございます！

さんには「湯～園地」のチケットが提供されましたから、ほとんどの方は会場に来てくださったと思います。皆さんが思いっきり楽しんでくださったからこそ、イベントは盛り上がりました。おかげで公費は少しも使わずに、立派な、記憶に残るイベントができました。また、自治体主体のクラウドファンディングによる資金調達はまだまだ珍しいことです。別府での成功は、きっと他の自治体でも参考にしてくれるでしょう。

総合監修を務めてくださった清川進也さん。音楽監督として世界から注目される鬼才でありながら、広告・プロモーションの仕事でも並外れた才能を見せている大天才。多忙なあなたが、しかも福岡のご出身のあなたが、この別府のまちに長期滞在し、まちの皆さんと親しくつきあい、その会話の中から「湯~園地」プロジェクトの骨子をまとめ、実現のためのエンジンになってくださいました。別府への愛着が深いからこそできたことだと思います。その豊かな発想と実行力に本当に感服しています。あなたに出会えて、私の人生は豊かになりました。ありがとうございます。

さらに清川さんとの出会いの場となった飲食店の女将、Fさん。私と清川さんとの出会いから何かが生まれると、わざとお店にふたりを呼んでくださいました。その出会いがなければ「湯~園地」のプランは誕生しませんでした。ありがとうございます。

また、会場をこころよく貸していただき、施設・設備の工事や常識外れの温泉利用にもご賛同いただいたラクテンチの皆さん。皆さんのご協力なしにこの企画は実現しませんでした。ラクテンチは私たち別府人にとって、思い出の詰まった宝箱です。この場所だからこそ成し得た「湯~園地」プロジェクトだと思います。本当にありがとうございます。

また、テレビ・新聞・雑誌・インターネットなどのメディアの皆さん、あるいはＳＮＳやブログでこの計画を広く発信していただいた皆さん。おかげ様で計画は評判を呼び、口コミによる情報拡散にも火がつきました。ありがとうございます。

他にも名前をあげて感謝したい方はたくさんいらっしゃいますが、書ききれません。皆さん、本当にありがとうございます。

「湯～園地」の本質は「まつり」でした。これに参画した人は、現在進行形でありながら伝説になり、歴史になるという「まつり」の証人です。この「まつり」に関われたことの喜びを噛み締めながら、「湯～園地」のレガシー、いわば遺伝子を、今後の市政へと引き継いでいきたいと思います。別府市民の皆さんにご賛同・ご協力いただければ、それに勝る幸せはありません。また、この別府が作り上げた伝説の一部なりと、他の自治体の地元興隆のための取り組みのご参考にしていただければ、身にあまる幸せと考えています。

２０１７年11月

別府市長　長野恭紘

本書のたのしみ方

本書は２０１５年11月23日の、長野市長と清川との運命の出会いから、２０１７年７月31日の「湯～園地」グランドフィナーレまでの６１６日間に及ぶ「湯～園地」計画の軌跡を綴った回想録です。

別府のみんなと市役所精鋭部隊の情熱、ボランティアスタッフの奮闘、そして「湯～園地」開園を心より待ち望んでくださっていた皆さま、さらにはその他、多大なるご心配をおかけした多くの皆さまのためにも、メディアではほとんど取り上げられることのなかったこのプロジェクトの深層の部分や、動画が公開されて「湯～園地」ができるまでの間に別府のまちで起こったさまざまな出来事をあらためて思い返して、そしてできるだけ細かく書き起こしました。

また、書き進めるにあたり、この本はまちづくりのためのガイドブックとしても活用していただけることがあるのではないかと思い、誰にでも気軽に読んでもらえるように専門用語は控えて読みやすく仕上げました。

「湯〜園地」を心より愛して下さったすべての皆さまと、いま現在、まちづくりに携わり汗を流す皆さまの今後の人生のなにかしらのヒントとなれば、とても嬉しく思います。

２０１７年11月

「湯〜園地」総合監修　清川進也

目次

目次

湯〜園地 Memorial

第1章

「湯～園地」とは

1 市民一丸となり作り上げた「湯～園地」

裸で遊べる遊園地、温泉の楽しさをこれまでにない角度から味わえるテーマパーク。それを実現したのが「湯～園地」だ。7月のたった3日間の開催だったが、地元の人はもちろん、県外からもたくさんの人が集まった。約9000名にのぼる人々が訪れ、別府人の宝ものである昔からの遊園地「ラクテンチ」が、人の波であふれかえった。

参加された方はもちろんご存じだろうが、なにしろ人気アトラクションの待ち時間が4時間にも及んだことから、全容を体験することができなかった人もいるだろう。また参加したかったが都合がつかずに断念された方、チケット提供が終わってからこの「まつり」に気づいて悔しい思いをした方、この本を目にして初めて知った方もいるはずだ。プロジェクト開催までの経緯を語る前に、どんな催しだったのかを簡単にまとめておこう。実際の写真やエピソードは後でまとめるので、ここでは「湯～園地」の全体像を次ページのマップに沿って見てみよう。

まず最初のビックリは、「湯～園地」入園者のドレスコードだ。事前に「濡れてもいい服装」

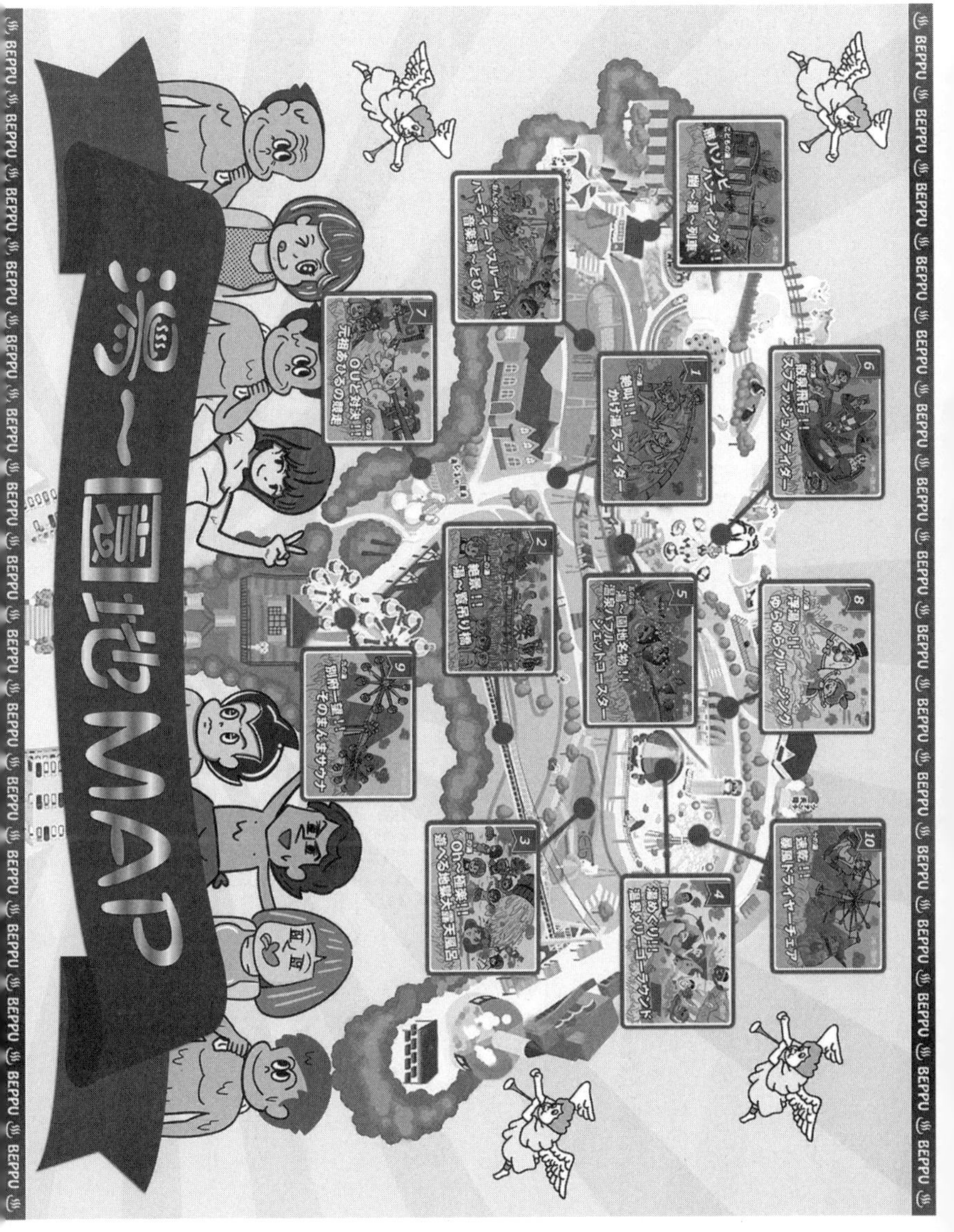
湯〜園地MAP
BEPPU
こどもの湯
冥八ゾンビハンティング!!
幽〜湯〜列車
六の湯
散泉飛行!!
スプラッシュグライダー
八の湯
浮湯〜!!
ゆらゆらクルージング
十の湯
速乾!!
暴風ドライヤーチェア
一の湯
絶叫!!
かけ湯スライダー
五の湯
湯〜園地名物!!
温泉バブルジェットコースター
四の湯
湯めぐり!!
温泉メリーゴーラウンド
おんがくの湯
パーティーバスルーム!!
音楽湯〜とぴあ
二の湯
絶景!!
湯〜覧吊り橋
三の湯
Oh〜極楽!!
遊べる地獄大露天風呂
七の湯
OUと対決!!
元祖あひるの競走
九の湯
別府一望!!
そのまんまサウナ

で入場することをお願いしていたので、たいていの方は水着を着て来てくれた。温泉気分を醸し出すために、その上にタオルを巻いてくれる人もかなりいた。ここは別府のかつての金山があった丘の上。海辺や川辺でもないのにほぼ裸の老若男女がぞろぞろと歩いているだけでも別世界。非日常の空間になった。

主なアトラクションは全部で10種類あり、「一の湯」から「十の湯」まで番号がつけられた。新しく設けられたものに加え、ふだんのラクテンチのアトラクションにも奇抜な工夫を凝らし、どれもが前代未聞の温泉アトラクションへと変貌を遂げた。

【おんがくの湯】パーティーバスルーム!!　音楽湯~とぴあ

入場して、まず通るのが、ジェットコースターの下にある広場だ。ここを「パーティーバスルーム　音楽湯~とぴあ」と名付け、絶えず大音量で音楽を流した。そこは青空の下の世界一開放的で健康的なクラブフロアである。ときどき空から温泉成

分の入った泡が降ってきて、祝祭気分を盛り上げる。その泡は、頭上のジェットコースターから落ちてくるのだ。その泡を追いかけたりかぶったりしながらはしゃげる、巨大な「バスルーム」と化した。コースターに乗れない人もここで楽しめた。

【一の湯】絶叫!!　かけ湯スライダー

温泉が流れるスライダー。ラクテンチの歩道の斜面を活用し「湯～園地」のためだけに作られた。入園後最初に登場するアトラクションのため、入浴のお作法にのっとり、かけ湯の機能も果たし、温泉湧出量ナンバーワンの別府らしく、じゃぶじゃぶと流れ出る温泉とともに滑降し、体もきれいになる一石二鳥のアトラクションだ。

【二の湯】絶景!!　湯～覧吊り橋

ラクテンチ名物のひとつである約１５０メートルの吊り橋。園内を見渡せるだけでなく、別府湾も一望できるビューポイントだ。ここに温泉ミストシャワーを設置し、歩行者にお湯をビ

ユービュー吹きかける。びしょびしょになりながら橋を渡る、絶景と絶叫（というほど怖くないが）スポットになった。

【三の湯】Oh～極楽!!　遊べる地獄大露天風呂

大プールを露天風呂にしてしまった。ここには応援企業から寄贈された「べっぴょん玉」こと「べっぴょんアカパックン（お風呂の垢とり玉）」1万個が浮かべられ、湯につかりながら特設ステージのタレントたちによるステージアトラクションを楽しむことができた。

【四の湯】湯めぐり!!　温泉メリーゴーラウンド

遊園地定番の乗り物だが、「湯～園地」ではヒノキ風呂が馬車の代わりに回った。市内の工場がこのためだけに特別に4人が入れる浴槽を作ってくれた。開園中、常に長蛇の列が絶えなかったアトラクション。

【五の湯】湯～園地名物!!　温泉バブルジェットコースター

「湯～園地」の花形アトラクションは、温泉成分入りの泡が各

席に注入された泡風呂ジェットコースター。文句なしの大人気アトラクションとなった。最長４時間に及ぶ待ち時間が発生しても、長蛇の列には常にボランティアスタッフや医療チームが張り付き、〝待ってるときこそ面白く精神〟で最高のおもてなしアトラクションになっていた。

【六の湯】　散泉飛行!!　スプラッシュグライダー

温泉ミストが吹き出すグライダー。グルグルと高速で回転しながら、涼感とスリルを味わえた。

【七の湯】　ＯＵと対決!!　元祖あひるの競走

ラクテンチ名物あひるの競走を足湯に浸かりながら楽しむアトラクション。「湯〜園地」のためだけに導入された人工知能を搭載した予想システムＡＩならぬＯＵ（オーユー）。洒落の利いたネーミングでも温まる。

【八の湯】　浮湯〜!!　ゆらゆらクルージング

ちびっ子同伴の来園者に人気だったこのアトラクションは、

ラクテンチの「ウォーターパレード」の水を温泉に変えて運行したもの。違いはそれほどわからなかったかも知れないが、濡れそうで濡れないアトラクションに、濡れても良い格好で乗ることはきっと新しかったのではないだろうか？

【九の湯】　別府一望!!　そのまんまサウナ

　ラクテンチ名物のひとつ、珍しい2重式の観覧車がサウナに？　名前の通り、ラクテンチで運行しているそのままの状態で「湯～園地」でも運行した。真夏日の3日間、濡れた体で入ってもらえれば、予想どおり、なんとゴンドラの中はサウナ状態に。汗をかきながら別府の絶景を堪能する、という全く新しい発想のアトラクションは、ネーミングのインパクトもあり人気を博した。

【十の湯】　速乾!!　暴風ドライヤーチェア

　濡れた体をのせた座席が高速で回転しながら、体を乾かしてくれる全自動の巨大ドライヤー。昔懐かしい空中ブランコも視

点を変えた発想で新しいアトラクションに大変身。本当に乾いていたのだからそれがまたびっくりだった。

【こどもの湯】熊八ゾンビハンティング　幽〜湯〜列車

子どもの国の列車に乗って、ゾンビを水鉄砲でやっつけるリアルシューティングゲーム。別府駅前の銅像になっている偉人、油屋熊八翁をリスペクトしたアトラクション。派手に倒れるノリノリのゾンビたちは全員ボランティアの皆さんだった。

主なアトラクションは以上だが、当日は別府市民の皆さんが、行列に並ぶ来園者を大うちわであおいだり、そっと近づいていきなり踊りだすフラッシュモブを披露したりと、乗り物に乗らなくても楽しめるように、創意工夫して自らおもてなしをしてくれた。おかげで、まさに市民参加型の「まつり」となった。

2 「湯～園地」企画の背景

「やりすぎくらいがちょうどいい」。そんな思いで企画した「湯～園地」プロジェクトは、たくさんの人からご心配いただき、それ以上に多くの人から激励していただいた。別府や大分の人ばかりでなく、日本全国、さらに海外からも多くの声が届けられた。それほど広く、多数の人から反応があったのは、あまりに奇抜な「公約動画」が関心をひいたのがきっかけなのは間違いない。それに加え、クラウドファンディングでの資金集めや、経過報告的な動画で興味を持続させ、多くの新聞、テレビ、雑誌、ウェブメディアが繰り返し報道してくれたことが成功の一因だったと思っている。その報道にブログやSNSの発信元である多くの個人が関心を持ち、次々に情報を拡散してくれた。

私たちのもとには「よくこんなことを発想したものだ」というコメントを何度もいただいたが、こんなアイデアが突然湧き出すわけはない。この企画は地域振興・まちの再生を考え詰めた結果の、戦略に基づいた地域そのもののプロモーション策なのである。と言っても観光客や収入を増やそうというのではない。何もしなければ衰退していく地域コミュニティのきずなを改めて固め、力を結集して別府をさらによいまちにするためのマインドを醸成する難事業への挑戦だった。そのためには大掛かりな舞台装置を必要とした。具体化にあたっては映像や音楽を含めた総合的なクリエイティブ・プロフェッショナルたちの力を借りながら、地域の人々が誇りを持って参画できるプロジェクトの骨子を作り上げた。一見すれば思いつきだけのバカバカしい企画に見えたかもしれない。しかしそれは計算の上でのこと。その見せ方が奏功し、結果的にはこれまで例を見ないほど多くのメディアに取り上げられ、協力者を得て、資金も集まり、公費を一切遣わずに、多くの市民が参画して、地域のために力を結集することができた。その成功の喜びと地域の誇りを市民が共有できたのである。むろん、別府市に奇抜な企画でも目的次第で受け入れる土壌がもともとあったからこそできたことではあるが、質の高い総合的なプロモーションが彼らのマインドを揺り動かし、ひとつの方向に向けて気持ちや行動を揃えていくのに大きな役割を果たしたと考えている。どのようにそれに取り組んだのかを語る前に、まずは別府市の歴史と現状、課題を知ってほしい。

温泉と自然の恵みにあふれたまち、別府

別府市は観光資源が豊富なまちだ。その筆頭は言うまでもなく温泉である。別府・浜脇・

観海寺《かんかいじ》・堀田《ほりた》・明礬《みょうばん》・鉄輪《かんなわ》・柴石《しばせき》・亀川のそれぞれ特徴ある温泉地をまとめて「別府八湯」といい、一帯が別府温泉郷になっている。市内の源泉は約2300箇所あり、毎分の湧出量は8万3000リットルを超える。これは温泉湧出量として世界で二番目、温泉場としては世界トップの量だ。また温泉の泉質は環境省が10種類に分けているが、そのうち7種類が市内に湧出している。このように別府の温泉は質・量ともにナンバーワンなのである。温泉の恵みは平安時代から認められ、湯治客が古くから絶えなかった。それが「泉都」と呼ばれる理由である。

また、別府湾で水揚げされる関サバ、関アジに代表される名産の海鮮や、別府ならではの風光明媚な自然景観も観光の魅力になっている。

この自然の恵みをベースに観光産業（宿泊・飲食サービス業など）が発展し、現在の観光客数は年間800万人を超えており、宿泊者数ベースでは国内客が年間230万人、外国人客も年間44万人を超えている。第3次産業の総生産額に対する割合は91％（大分県平均は55％）、全従業者数に占める第3次産業の割合は、89・8％と、観光産業は別府市の主力産業となっている。

おもてなしの心をＤＮＡに刻んだ別府人

悠久の昔からたくさんの湯治客、観光客と接し、おもてなしを続けてきたのが別府人だ。その経験を重ねるうち、別府の人々は独特のパーソナリティをもつようになったようだ。おそらく別府に旅行されたことがある方は、別府のホテルや旅館の従業員ばかりでなく、一般市民のフレンドリーさに驚かれるのではないかと思う。別府では、よそから来る人を必ず歓迎し、喜ばせるのが常識だ。そうしようと思ってするのではない。無意識に現れる過剰などのホスピタリティが、別府人のＤＮＡに刻み込まれているのだろう。

そのＤＮＡが集まって爆発するのが別府の祭り。実は全国でも有数のお祭り、イベントが多い自治体だ。地元の人々が心をひとつにし、各地から来た人たちと一緒になって大騒ぎするのが大好きな性格も、別府ならではのことなのではないだろうか。

なかでも盛り上がるのが、「別府八湯温泉まつり」、別名「湯かけまつり」である。別府八湯から汲んできたお湯を、神様の前でひとつの流れに合わせる神事がこの祭りの始まりを告げる。そのあとは、別府市の中央にあたる通りを会場にして、多くの神輿が賑やかに繰り出し、その行くところ行くところに、道の左右から大量のお湯がかけられる。

昔からあるこのお祭りのほか、四季を通していろいろなまつりが行われている。それが「い

毎年多くの見物客を迎える「別府八湯温泉まつり」の風景（2016年の開催時）。

ざとなれば力を合わせてひとつのことに集中し、助け合う」別府人気質を形作ってきたと思う。

つまり、経済的にも、文化的にも、精神的にも、観光産業が現在の別府を作り上げてきたということだ。その観光産業が、平成の時代に入って重大な危機をむかえている。

人口減と観光ニーズの変化

危機のひとつは人口減である。これは日本全体の問題でもあるが、地方自治体の多くは人口流出が続き、まちが衰退・消滅してしまうという危機感を持っている。別府市も1980年の13万6485人をピークに、それまで増加していた人口が減少に転じ、

２０１７年には11万９０３４人にまで人口が減少した。なかでもこれからの別府を担う若者の減少は深刻だ。別府市内には５つの大学があり、入学のために市外から転入する若者を含め約８０００人の学生がいるのだが、就職となると多くが市外へ転出してしまうのが現状だ。

もうひとつの課題は観光ニーズの変化である。画一的な団体パッケージ旅行の時代から、少人数の個人旅行が主流となり、不況期に落ち込んだ消費金額もいまだ低迷していて、全国的に観光産業は苦境が続いている。

課題解決への別府市の取り組み

人口減少の課題に対して、別府市は２０１５年10月に「まちをまもり、まちをつくる。べっぷ未来共創戦略― まち・ひと・しごと創生 別府市総合戦略 ―」（別府市ホームページで公開中）を作成し、市内への転入を促進し、転出を抑制するための取り組みを加速している。その取り組みの要点は、市内で仕事を創出して、働き手が自分のやりたい仕事に就き、安定して働け、結婚・子育ても安心してできるようにすることである。

仕事の創出には、別府市にもともとある良さを生かし、個別にばらばらでなく、一定の方向を向いて産業を連携させることが重要だ。鍵となるのは温泉と市民のホスピタリティに違いない。この良さを最大限に引き出しつつ、市民がひとつの目標に向かって力を合わせなければならない。「湯～園地」プロジェクトは、この考えの延長上にある、象徴的な取り組みだった。

一方、観光ニーズの変化は、視点を変えれば新しい観光動態への変化である。国内観光市場は縮小傾向ではあっても、その分、外国人のインバウンド市場が爆発的に拡大している。特にＡＳＥＡＮ諸国からの観光客は著しく増加しており、将来的にもますます期待できる。また、国内からの観光客は夫婦や家族などの少人数での自由気ままな旅が増えており、体験活動や知的活動を求めるものにシフトしてきている。別府の人たちのふだんの生活や文化を体験したいという観光客が増えているのである。

こうした観光ニーズの変化をどのように旅行・観光商品に組み込んでいくかが重要な課題になっており、別府市では祭りや各種イベント、大学などによるシンポジウムやフォーラム、音楽系のイベント、あるいはまち歩きツアーなどの催しを積極的に展開しているところだ。

住民が市内でやりたい仕事に就くことができるようにするためにも、主力産業である観光が利益を上げていなければならない。別府の観光を「稼げる観光」「儲かる観光」に特化して注力することが大切だ。そのために別府市では「日本版ＤＭＯ」と呼ばれる観光地経営の視点に立って、戦略的な観光地域づくりを推進する組織を作り、官民上げて取り組みを加速している。

観光客が激減した熊本地震

このような取り組みが功を奏して、２０１６年３月まで別府の観光は絶好調だった。観光客総数は年に７～８パーセント増加しており、外国人観光客数にいたっては30パーセント以上の増加を記録していたのだが、それが、２０１６年のゴールデンウィークを目前にした4月16日を境に激減してしまった。この日の午前1時25分に熊本地震が発生したからだ。

熊本地震は別府市観測史上最大の震度６弱を記録する大きな地震だった。別府市の人的被害は７名ほどの軽傷者を出しただけだったが、建物や道路などの物的被害は８０００件を超えた。それよりも大打撃になったのは、地震後に相次いだ宿泊キャンセルである。キャンセル数はゴールデンウィークだけで11万人分にものぼり、金額に換算すると約13億７０００万円の損失が生じた。これは宿泊のキャンセル分だけであり、その他の機会損失も含めれば被害金額はこの2～3倍になるだろう。その当時は、テレビで地震の揺れる映像が流れるたびにキャンセルの電話が鳴るような状況だった。このすべてが風評被害である。

行政と住民がひとつになって回復が急速に進む

このような状況下で、主力産業である観光の復興をめざすには観光産業の生産性を高め、稼ぐ力の増強が急務だと考え、「震災復興から地域再生、地方創生へ」を合言葉にして行政の取り組みを強化した。これが住民の皆さんの「別府を元どおりの活気あるまちにしたい」という思いと一致し、別府人の心をひとつにして観光プロモーションが展開できた。7月には政府の復興対策である「九州ふっこう割」(『九州観光支援のための割引付旅行プラン助成制度』による割引旅行プラン)が起爆剤となって、観光客の数のうえでは一気に回復が進んでいった。その勢いは2017年にも続き、地震があった前年の4月~6月の四半期と比べると観光客数は40パーセント増えている。

地震は不幸な出来事であったが、一方では行政と住民、住民と住民のきずなを深めるきっかけとなった。その一体感を維持したまま、さらなる復興・再生を図っていかなければならない。別府市はその具体的な戦略を、「まちをまもり、まちをつくる。べっぷ未来共創戦略—まち・ひと・しごと創生 別府市総合戦略—」で示している。未来にむけた戦略の重要ポイントはふたつだ。

ひとつは、観光客の満足度を上げ、宿泊数を増やし、客単価を上げていくことだ。観光客数を増やすことよりも、ますます観光客に満足していただける旅行・観光商品の強化に注力していく。それが「稼げる観光」「儲かる観光」につながるからである。

もうひとつは、外国人観光客のインバウンドをいかに獲得するかである。ＡＳＥＡＮ諸国からのインバウンドは増加中であるが、ヨーロッパ、アメリカ、オセアニア地域からの観光客はまだ少数だ。さらに多数の国々に別府を知ってもらう必要がある。

外国人のインバウンドが拡大するチャンスは、２０１９年のラグビーワールドカップ、２０２０年の東京オリンピック／パラリンピックとたて続けにある。このチャンスを生かし、別府の国際的な知名度を上げていけるかどうかが、今後の観光発展の重要な鍵になる。これにつなげられるよう、別府が魅力的だと思ってもらえるものをいかに発信できるかが、これからの取り組みの焦点になっている。

「湯～園地」プロジェクトは一見思いつきのように見えるかもしれないが、その背景にはこうした別府の歴史・文化と住民の特性と、別府市が直面する課題解決に向けた戦略があったことを理解しておいていただきたい。

第2章

「湯〜園地」計画、始まる

1 運命の出会い

「湯〜園地」プロジェクトの発端は、2015年11月23日の夜、市内の飲食店での私と清川の運命的な出会いだった。

別府市は1年を通して温暖なところ。最も寒い1月でも気温が零下になることはほとんどない。それでもここで育った人にとっては、11月というとやはりやや肌寒い季節だ。そんなときこそ温泉は何よりの癒しとなる。冬は降雨が少なく、温泉に出かけて外気との寒暖差を存分に楽しめる素敵な季節である。

その日、別府市内で飲食店を営む知人のFさんがお店に呼んでくれた。Fさんはときどき、私に会わせたい人を、こっそりお店に招いてくれることがある。お店に着くと、ふたりの先客がいた。ひとりはプライベートで遊びに来ていた、ホリエモンこと堀江貴文さんだった。堀江さんは大の別府ファンで、長年にわたり繰り返して温泉に泊まりに来てくれているのだった。トライアスロンを趣味のひとつにする堀江さんは、別府で「レース後に温泉に入れる世界初のアイアンマンレース」開催を画策しているとの噂である。この出会いに驚き、また

海側から見た昼の別府市街（上）と、山側から見た夜の市街（下）：海の反対側に山並みがそびえ、そのふもとに温泉の湯気が絶えず上がっているのが別府の風景。大きなホテルや旅館、温泉施設以外にも、個人経営の飲食店や酒場も多い。

喜びながら、別府について彼とたくさん語らった。そのとき、お店にもうひとりいた先客が清川だった。これが私たちの最初の出会いだった。

私の目の前にいるのは、私より一歳年下のちょっと小柄でいつもこぼれんばかりの笑顔で話す、実年齢よりだいぶ若く見える男だった。広告や自治体PRについての直言を真顔でしている時でさえ、眼鏡の奥の目は常にいたずらっぽく輝いている。話をするうち、清川の国際的な活躍ぶりと、特に独自の「拡張音楽」という彼の音楽手法を詳しく知ることになる。

清川がどんな仕事をしている人かは知っていた。なにしろ大分県を「おんせん県」として広く知らしめることに成功した大分県のPR動画「シンフロ」の音楽監督を務め、これに関連した「おおいたシンフロご当地サウンド編」動画の監督をしていた人物なのだ。これら動画は多くのメディアにも取り上げられたし、動画配信サイトでは公開から数年を経た今でも閲覧回数を伸ばす人気コンテンツになっている。

「シンフロ」では元五輪代表選手が率いるプロのシンクロナイズドスイミングチームが、大分各地の温泉でシンクロを披露するのだが、その音楽は水しぶきの音、お湯の湧出音、水流の音など、温泉が発するさまざまな環境音を組み合わせて奏でられる。露天風呂で若い女性がタオル風の水着でダイナミックに演技する姿は、ともすれば下品な方向に流れそうだが、

大分県の PR 動画「シンフロ」の場面：シンクロナイズドスイミングチームが各地の温泉で演技する。この音楽監修を清川が担当した。
https://www.youtube.com/watch?v=20ZWZJgixtw より。

動画は極めて上品、上質、美しく、かつユーモラスだ。笑いながら世界一流のワザに感嘆し、同時に大分の自然の優美さと、温泉の楽しさが脳にインプットされるようにできている。

音楽に使われた環境音は、清川がマイクで拾った実際の音である。清川が追求している「拡張音楽」は、自然の音ばかりでなく、祭りの太鼓などの音、料理人の包丁の音、揚げ油のはねる音、雑踏の音、人の声、動物の声など、さまざまな音源からの音を切り貼りして作られる。シンセサイザーによる合成であらゆる音が生み出せる現在だが、清川はマイクで録音した現場の音にこだわる。そこにはひとつの音素だけでなく、周囲の空気感を再現できる雑多な背景音がある。それが音楽に深みと広がりをもたらしてくれるからだ。

ときには音の切り貼りすらせずに、連続した環境音で音楽を奏でさせることもある。清川が世界を驚愕させたのは、2011年にNTTドコモのCMに使われた動画「森の木琴」だ。叩くとドレミの音階で澄んだ音を出す音板を間伐材で作り、山の斜面に44メートルにわたって並べた。傾斜して並ぶ高低差のある音板の上に、マレットにあたる木製の球を転がすと、球は音板を一段ずつ落下していく。落下するたびに音色を響かせ、およそ2分半でバッハのカンタータ「主よ、人の望みの喜びよ」の主旋律が奏でられる。最後の地点にたどりつくまで、ひたすら球の落下とその音を追う。ただそれだけの動画だ。しかし、荘厳さを感じさせ

大分県のPR動画「シンフロ」の続編「ご当地サウンド編」のシーンから。清川が大分を歩き回り、種々の音を録音して音楽に再構成した。
https://www.youtube.com/watch?v=5QYrsc8aATs

「森の木琴」動画のシーン：NTT ドコモの広告ビデオ。清川がサウンドをデザインし、カンヌ国際広告祭で3冠を受賞した。
https://www.youtube.com/watch?v=C_CDLBTJD4M

る森林の情景と、森を支配する静寂という名の環境音、その中に響く「木琴」の音。それが感動的だ。ナレーションは一切ない。しかし自然の美しさに魅了される一方で、そこに人間の手が入ることで情景がよりいっそう美しいものになっていることに気づく。自然保護の大切さを訴える意図もあったというこの動画は、翌年のカンヌライオンズ国際クリエイティビティ・フェスティバルで3部門の金賞を受賞した。日本作品としてこれは初めてのこと。この動画の音楽を担当したのが清川だ。

清川の作品を見て、聴いて、長野は彼がクリエイター界の鬼才であり、天才だと思っていた。その人が目の前にいる。いつの間にか、別府のまちのために何かできないかを一緒に話している。それが偶然とは思えなかった。何か、運命を感じてしまったのだ。「この人と一緒に何かできるはずだ」という直感的な確信があった。いったい彼と何をするか？　それは絶対に楽しいものになるはずだ。

およそ1年と数ヵ月の後、この予感は本当のものになった。

2 今までの別府、そしてこれからの別府を動画に詰め込む

清川は、別府市内での撮影が多かった大分県PR動画制作の際に、別府市に惹かれるものを感じていた。地域の人が喜び、観光客も喜ぶような動画ができないものかと思案していた清川は、仕事のオーダーもないのに別府のロケハン（下調べ）のためにたびたび別府を訪れていた。そこで私と出会ったのだった。それからさらに別府市に通う頻度が上がり、次第に別府の魅力に取り憑かれていった。

別府市はもともと動画プロモーションには注力していて、中央の大手広告代理店を介していくつもの動画を作成、動画サイトでも閲覧できるようにしていた。私はそれらとは違い、別府市が抱える課題に対して解決の糸口となるような動画を作れないものかと考えていた。

地域の人が誇りに思える動画を制作しよう

２０１６年の2月ごろ、11月に予定されている別府温泉アカデミア（シンポジウム）に合わせてプロモーション動画を作るための打ち合わせが行われた。清川とじっくり膝を付き合

わせて話ができたのはこのときだ。「湯～園地」につながる話は、具体的にはここから始まった。

地方自治体の動画作成は今では珍しくないが、視聴回数を数万回以上に伸ばせるコンテンツはそう多くない。むしろ、観てもらえない動画が多いのだ。たくさんの人に観てもらい、かつコンテンツに内包されるメッセージを理解し、共感してくれるような動画でなくては意味がない。別府市の動画はそのように作っているつもりではあるが、それを超える特別な、新しい発想の動画を作りたいと思っていた。清川ならそれができると、すでに確信していた。ただし、予算はほとんどない。だが、別府市には、人と自然と、温泉・レジャー施設など、世界に誇るべきリソースが山ほどある。ここにあるものを活用して、創意工夫すれば、理想にかなう動画ができるのではないかと話し合った。

その時点では「地域の人が誇りに思ってもらえるような動画」「地域の人も観光客も喜ぶような動画」が作りたいというざっくりとした話でしかなかったのだが、別府市の未来を「まつり」の観点から考える視点が共有できたことが、「湯～園地」につながっていく。

「まつり」は「イベント」とは違う。イベントは観光や学術などの振興を図るための催しだが、「まつり」は、地域の伝統に根ざし、まちの人の心をひとつにする、地域そのものの振興＝地域の元気そのものである。例えば「別府八湯温泉まつり」では別府八湯のそれぞれのお湯を集め、ひとつにまとめる儀式を行う。それは別府の結束の象徴である。これを行うことで市民は地元への帰属意識を高め、アイデンティティを再確認し、誇りを新たにするのである。「まつり」には地域の人々のマインドに訴え、それを動かす力がある。目先の経済性も軽視はできないが、中長期的な地域の持続や発展には、それが一番大事なことだ。きっかけは華やかさや賑やかさへの興味であっていい。そこにみんなが集まって、「まつり」を体験するうちに、その本質を知ることができる。そしてその本質的な部分を継承し、さらに次の世代に伝承することが、ともすれば自信を失いがちな地方自治体に、今ますます重要になっている。

「市長の『まつり』に関する強い思い入れから、作るべき動画のエッセンスがわかったと思いました。動画は、『まつり』の本質を表現するものにしたい。市長からは別府の誇りを再生したいという強い思いと、必ず仕事を完遂するという気概があふれていました。別府のために最高の動画を作りたいという、その気持ちに応えなければならないと思うと同時に、ここでなら思い切ったものづくりができると確信しました」（清川）

まちの人々との交流で動画企画が具体化し始める

しかし、清川はまだ別府のことをよくは知らなかった。主に東京のオフィスで仕事していながらも別府に足繁く通い、まちを歩き、人と話し、飲食店などでもできるだけ話の輪に入るようにしていた。ときには長期滞在し、まちの人々との交流を深めた。それを続けるうちに、だんだん別府人の気質がわかってきた。

「温泉や自然に対する愛着と、まちの人どうし、また観光客に対するホスピタリティの高さに驚きました。また、お祭りやイベントの中心となる人々ともたくさん話ができました。その人たちは、本当に別府を愛し、地元のために何かできることがあれば、率先して人を集め、一気に目標に向かって走ることができる力がある人たちばかりでした」（清川）

知り合った人たちは、清川を別府のさまざまなところに連れていき、また地元のキーパーソンを次々に紹介してくれた。

こうして清川が動画企画の準備作業となるヒアリングを続けているうちに4月になった。4月の別府の大行事は、「別府八湯温泉まつり」である。別名「湯かけまつり」と呼ばれるこの祭りを体験するうちに、新しい動画の要素として組み込むべき、別府のオリジナルな要素をたくさん知ることになった。

温泉、湯けむり、歓声、笑顔、それはどれも散りばめられたパズルのピースのようであり、今そこにあるものをうまく組み合わせることによって別府のマインドを新しいアウトプットで表現し、高らかに世界に誇れるようなものが作れるのではないだろうか。ただの動画ではなく、「まつり」の本質を表現し、それが本当の「まつり」に繋がるようなものを作りたい。そんなことをぼんやりと考えていた。

ニューヨークでもロンドンでも東京でもない、ここは大分県別府市。ここだからこそ表現できるオリジナルであり、世界中の誰もが理解でき、そして心底楽しんでもらえるエンターテインメントを生みだしたい。ただそのためには、さまざまな分野において最高のクオリティーで制作できるプロフェッショナルたちをどう集めるか、清川のマインドが徐々に本格的なものづくりの領域へとシフトし始めることになる。

高いクオリティーが保証できるプロフェッショナルが結集

この時期の全国の地方自治体の風潮として、動画を用いた観光プロモーションがとにかく急増していた。地域の魅力をふんだんに盛り込んだものから、派手な表現で認知度を煽るものなどさまざまだったが、ただそのどれもが、動画を公開することをゴールに設定したものであり、その先にある本質的な来訪喚起を刺激できていたものはそれほど多くはなかった。さらには、カメラ機材やソフトウエアの発達によりだれでもそれなりのクオリティーの映像

プロモーション動画制作にあたった広告業界のトップクリエーターによるチーム。

を作れるようになった今だからこそ、清川はアウトプットの高いクオリティーを担保することに執着した。

清川は動画の企画の骨子を考えるにあたり、長年のキャリアの中で絶大な信頼をおける仲間を招集した。いずれも長きにわたり広告業界の第一線で活躍を続けるトップクリエーターたちだ。

とくに、ドリルの西田淳と電通の島津裕介のもつ圧倒的な突破力のあるアイデアがもたらす化学反応が、現在の別府に存在するさまざまな問題を一本の矢で射抜くことができるのではないかと、両名をクリエイティブディレクターとして招き入れ、思い思いのアイデアをぶつけ合いながらさまざまな可能性を探りつつ、企画の方向性を定めていった。

何ができるかはわからない。ただ、別府の誰もが愛する温泉と同じく別府のシンボルであるラクテンチという老舗の遊園地をシンプルに掛け合わせるという表現は、単純に言葉では言い表せない成功への確固たる自信と、地域を振興していく未来に向かうイノベーションを確信し、この「湯〜園地」という企画の可能性をあらゆる角度から模索することになる。そしてこれを機に動画完成までの間、多くのプロフェッショナルを巻き込みながら膨大に膨れ上がったプロジェクトチームによって企画の精度がブラッシュアップされていくことになる。

それは、清川が日頃こなしている、大手広告代理店との仕事とはまったく違うものだった。さまざまな自治体が制作した動画の中には批判をあびて炎上するケースもまま見られた。そのような失敗をしてはいけない。誰にも嫌悪感を抱かせず、別府に来たい気持ちをかきたてて、ワクワクドキドキしてもらいたい。そんな効果を生むのは何だろうか。

その問いかけを繰り返し、ついにひらめいたのが、温泉と遊園地のミクスチュアというアイデアだ。しかし、そのアイデアがすぐに具体化したわけではない。「湯〜園地」プロジェクトの誕生には、大きな災害という苦難を経験しなければならなかった。

動画制作に関わったさまざまな分野のプロフェッショナルたち

総合プロデューサー：清川進也

エージェンシー：Invisible Designs Lab + Drill
クリエイティブディレクター：西田淳、島津裕介

プロダクション：株式会社ティーアンドイー
プロデューサー：佐々木貴明 (T&E)
プロダクションマネージャー：和田和也（FREE)、元道啓介 (FREE)、辻慧介（T&E)、山本祥二郎 (T&E)
ディレクター：小原穣（DRAWING AND MANUAL）
アシスタントディレクター：小田桐浩希（T&E）
撮影：西垣悟（FREE)、原賀俊輔 (T&E)、畑井健二（JHS）
照明：長尾圭悟（AND FILM STUDIO）
照明チーフ：和田一章（AND FILM STUDIO）
録音：右田守起 (T&E)
ヘアメイク：酒井愛子（オフィスノムラ）
美術：神原哲哉（かみはらデザイン）
タイトルロゴデザイン：いよりさき（DRAWING AND MANUAL）
音楽：清川進也 (Invisible Designs Lab)
PR：村木みちる（Drill)、久保孝徳（キャッチボール)、
　　吉本妙子
出演者：長野恭紘別府市長、別府市役所の皆様、別府市の皆様
温泉配送：小林直輝、吉弘雄三（TAMAYA）
カラリスト：芝山仁也（T&E）
オンライン編集：ED 森永哲弘、アシスタント 鐘ヶ江あいび
マルチオーディオ：MA(T&E)：松本和久（T&E）

---

3 別府らしく、復興する

「別府八湯温泉まつり」から2週間ほど経った4月14日、別府市を熊本地震が襲った。前述したようにこれは最大震度6弱という大地震である。人的被害が少なかったのは不幸中の幸いだが、観光業界には恐るべき大打撃を与えた。11万人分の宿泊キャンセルである。これで平気でいられる観光都市はあるまい。

私は市長として、災害対策に追われた。対策本部で指揮をとる一方で、情報把握と現状の情報発信を、SNSを利用して行っていた。道路の損壊状況や、断水の状況などについて、把握した情報は、市民に向けて即座に発信した。自治体の長が直接情報発信することにリスクがあることはわかっていた。しかしこの非常時に、自分自身のリスクは考えていられなかった。とにかく人命、安全を優先するためにこれを行ったのだ。情報把握や発信は、現場に行ってしまってはできない。後になってみれば、この行動は市民への安心材料になっていたと思う。市長は本部に常にいて、情報を収集しては発信してくれる。これが安心を生んだと思う。「別府市民は私たちがちゃんと守ります」という意思表示になっていたのだ。

やがてゴールデンウィークに突入したとき、私は記者会見である宣言をした。「キャンセルが続いている別府のホテルや旅館に私は10連泊する」と言ったのだ。私もそうするのだから、皆さんも1泊でもいいから、ふだん泊まったことのない地元別府のホテルや旅館に泊まってほしいと、宿泊を促した。地元の復興はまずは自分たちの努力によって切り開かなければならないという思いからだった。

また、もちろん観光客に来てもらわなければいけない。その取り組みのひとつとして「別府温泉の男たち」動画シリーズも作成した。全14本のこの動画シリーズは、別府への観光集客を狙ってはいても、悲愴感がただよう土下座してのお願いのような雰囲気は絶対出したくなかった。決して地元の人の誇りを失うようなものであってはならないと、そのことには十分注意しながらエンターテインメントにくるみ、別府はこんなに元気にやっているとわかってもらえるような、ちょっと笑えるシュールな動画にしたのだ。この動画には、別府のホテルの社長や旅館の女将、市役所職員、ラクテンチのスタッフ、名物料理の地獄蒸しのお店などが登場する。別府のまちぐるみで協力してできた動画だった。

ほかにも「GO！ Beppuキャンペーン」など復興・再生のためにさまざまな取り組みが、官民あげて行われた。

「別府温泉の男たち」動画シリーズでは、「お客さんが来んかったら（温泉が）ただの垂れ流しじゃー！」と叫ぶホテル社長、実物はもっと美人の「美人女将」たち、ラクテンチ名物のあひるの競走をアヒル口で紹介する美女、「別府はベリー元気」と笑うベリーダンサーなど、盛りだくさんのクスリと笑えるコンテンツが詰め込まれた。

清川は、こうした別府市と私の災害対応と、復興・再生に向けた歩みを、客観的な目で逐一見ていた。行政側からだけでなく、市民の側からの視点でも、別府市全体の動きが客観的に見られたのは、地元民ではない清川だからかもしれない。

「市長のスピード感ある市民との対応に感服し、また市民が市長に寄せている信頼感も体感できました。さまざまな経済や観光振興策が施行されてきた別府ですが、震災を経て、別府の心がひとつになっていくのを感じました。これが『別府のターニングポイント』になると思いました」（清川）

その言葉どおり、この災害は市政の転換のきっかけにもなった。同時に、懸案の動画企画のターニングポイントともなった。災害で打撃を受けた別府市民の元気を取り戻し、力を合わせて復興・再生に向かう。そして市民の誇りとなる動画を作る。これで方向性が決まったのだ。

別府市民が愛するものをテーマにした動画

では別府市民が自らを奮い立たせることができるテーマとは何だろうか。別府には、映像素材が数多い。清川は、湯けむりの中をダンサーが踊る映像表現や、どこでも掘れば温泉が湧く別府の特徴を生かして温泉を掘るドキュメント動画など、「湯～園地」とはまったく違う方向性でもストーリーを考えていた。しかし、私と彼とが共通してメインテーマに据えたかったのは、別府の人が一番大切にしているものである。それは温泉と、温泉の恵みが市民にもたらしたホスピタリティの文化なのではないかと話し合っていた。

しかも、動画を作って終わりにはしたくなかった。動画が別府振興のきっかけになり、その後も続くムーブメントにしたいと考えていた。そこで考えたのが「湯～園地」だった。これには、動画撮影のロケーションからの発想も多分に含まれている。別府の人々には、古くから市内で営業している遊園地「ラクテンチ」の思い出が、まるで宝物のように心にしまわれているのである。市民の心をひとつにする動画のロケーションとして、「ラクテンチ」は最適な場所だと思われた。

結局、清川は動画テーマを3案に絞って市に提案してくれた。ただし問題は費用である。これについては私に腹案があった。一定の動画視聴回数達成で企画を必ず実現すると約束する「公約連動」動画とし、公費は使わずに、インターネットを通じて広く募金を募る「クラウドファンディング」を利用するのである。視聴者にお金を出してもよいと思わせられる企画なら、資金は集まる。この動画は別府の人々と協力者だけで作りたい。そう思っていた。

4 動画制作へ。渾身の企画をカタチに

３案のうち、市役所幹部に評価されたのは、やはりというべきか、「湯～園地」のプランだった。一番リスキーなプランである。しかしその後のインパクトは絶大となるはずだ。ラクテンチとの交渉は、動画作成時にはそう難しくはなかった。多少設備には手を入れる必要があるものの、カメラの角度や映像編集で、隠すべきところを隠しながら撮影することにした。すべてはそのままの実写であり、ＣＧは一切使用しない前提で撮影を行った。ラクテンチの定休日を使わせていただいたのだが、全員が素人のエキストラを利用したために思いのほか時間がかかり（とはいえ、一般の動画撮影よりははるかに短い）、翌日の午前中までかかってしまった。

動画の絵コンテは20カット分をそれぞれ２～３枚描いた。それで撮影をスタートしたのだが、実際に３トンほどの水を使って撮影を始めてみると、現場で次々にアイデアが出てきて、結局その場でシチュエーションを変えることがしばしばだった。ベンチに座るカップルに水が派手にバシャッと上からかかる場面があるが、それも現場で即断した演出だ。

この撮影では、エキストラ出演者を、全国の温泉愛好家で作る「別府八湯温泉道名人会」にお願いしていた。彼らは別府の約140箇所の立ち寄り湯のうち88湯を回ればなれる温泉道名人の集まりだ。特にたくさん回った人は「泉聖」として尊敬される。別府の人だけでなく、全国に延べ5000人ほどの会員がいる。そこから有志の方に登場してもらうようにしたのだが、これは本当は各自治体の「フィルムコミッション」がやるようなこと。しかし温泉ファンの皆さんは、市役所の観光課が把握しており、声がけすると、快く協力してくれた。

「撮影の前々日には、20名ほどのエキストラ有志が集まると聞いていたので、少し迫力が足りないかなと思っていたところ、当日になると100名弱の人が集まってくれました。聞いてみると、それが別府のまつりなどの当たり前の感覚なのだそうです。直前まではのんびりと、いざ本番となると完全にそれに集中するというのが別府人らしい。その感覚にはびっくりしましたね。これを『別府タイム』と呼ぶことにしました」（清川）

この動画の大事なポイントは「公約動画」であることだ。公約のためには市長の私が出演する必要がある。本来なら冒頭に登場して計画の目的を話すべきなのかもしれないが、それでは観る人の興味が削がれてしまう。まずは面白そうだと思ってもらい、動画を楽しんでもらわなければならない。従来の自治体制作の動画の視聴回数が伸びないのは、見ても面白く

「湯〜園地」プロモーションのための動画のシーン。
（上）丘の上の遊園地を裸の人たちが闊歩する衝撃的な映像。
（中）現実にはできなかったが、動画ではジェットコースターに１両分だけ本当にお湯をはった。
（下）ベンチに座るカップルに、ジェットコースターから大量に水が落ちてくるシーン。現場での即興演出だった。

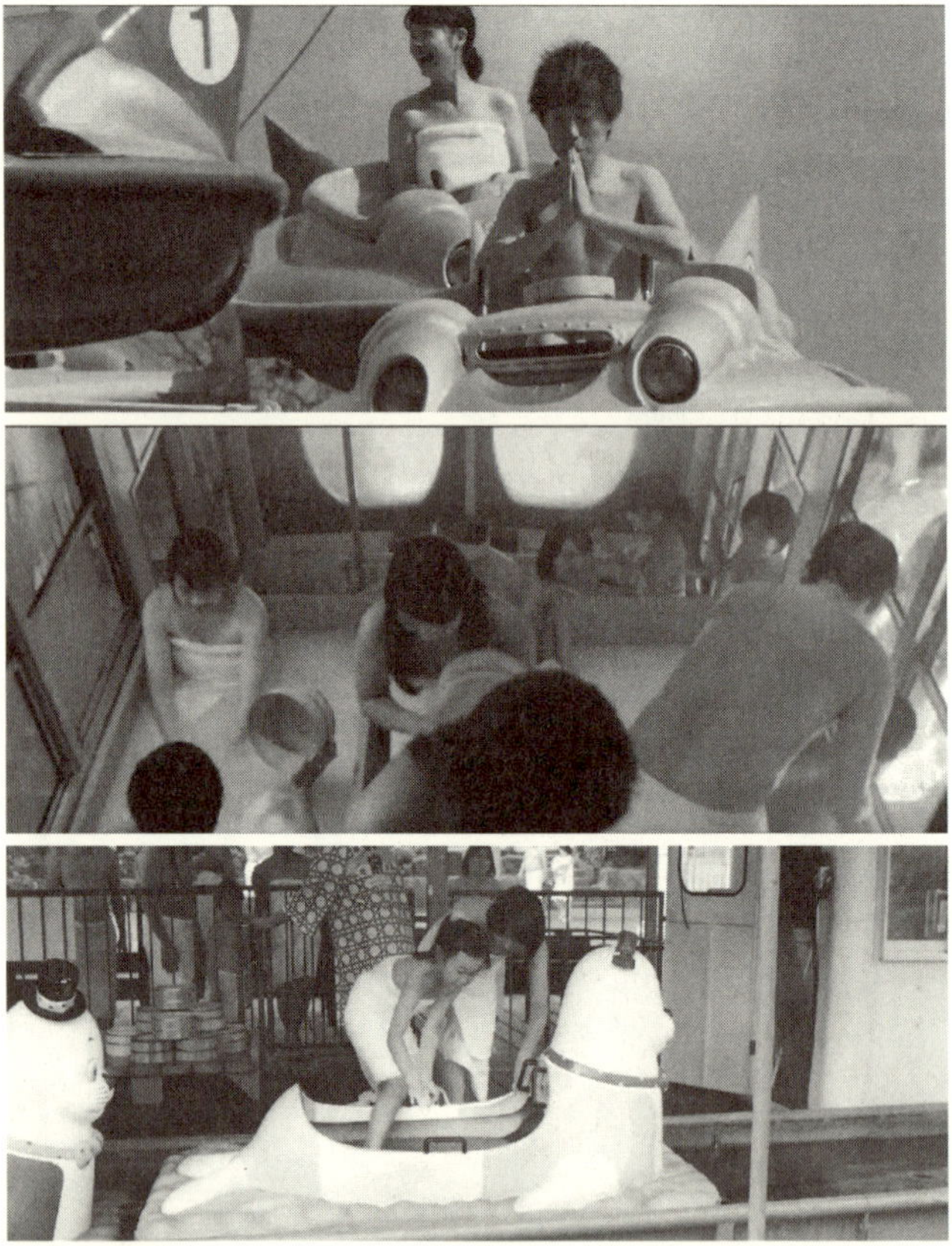

「湯〜園地」プロモーションのための動画のシーン。
（上）お湯ミストを浴びる飛行機。演者は寒かった！
（中）観覧車の中が温泉に。現実にはできなかったが夢がある。
（下）湯船になったアザラシさんでクルージング。小さな子どもが楽しめるイメージも意識した。

プロモーション動画の最後に登場する長野。やらかした感を渋い顔で表現する演出で、次への期待を盛り上げた。

ないからだ。立派な動画をコストをかけて作っても、見てもらえないのでは仕方がない。この動画では、私がどのタイミングで出るのかが、インパクトの鍵を握るポイントだった。

検討の末、私が登場するのは最後になった。さんざん妄想的な遊園地の夢をふりまいて、最後に出てきた私が「１００万回再生で本当にやります」と宣言するオチだ。

清川は、このラストカットに対応するように、ファーストカットには物語の始まりを予感させるカットを持ってきた。そこには「世界一の源泉湧出量を誇る別府市が〝遊べる温泉都市構想〟を発表」という、いかにも役所のプレスリリースのような文言が見える。そして驚くような異空間のイメージを見せた後、私が「１００万回再生で必ずこれを実現する」と宣言する。最初と最後が呼応する構成である。

5 資金がないことを言い訳にさせない

多くの別府市民の協力を得て完成した動画は2016年11月21日にユーチューブで公開された。清川は、「制作チーム一丸となりフルスイングできた申し分のないクオリティー」と自らを評価した。そこには温泉道名人会を中心とする別府の皆さんのご協力が大きく影響していた。清川は温泉の入り方から教えてもらった。彼らは、まるで映画で行う時代考証のように、温泉を使うマナー、態度を、手取り足取り伝えてくれたのである。そのおかげで、動画はまったくの絵空事ではあっても、リアリティが感じられるものになった。

またたく間に日本中を駆け巡った「湯～園地」動画

動画公開後の反響にはすさまじいものがあった。特別なプロモーションなどは何もしていない。ただメディアへのプレスリリースなどのプロモーションを行っただけで、ほとんどコストはかけなかった。しかし動画の閲覧数は急激に伸びていた。おそらくは全国の別府ファンの方々、温泉ファンの方々が中心になって、ＳＮＳで動画の情報を拡散してくれたのだろう。実際、私や別府市のＳＮＳへのコメントは、動画に関する驚きや、プロジェクト実行への激励の言葉であふれた。一方で、動画で公約などして大丈夫なのか、１００万再生ができないことを見越したはったりじゃないのか、また１００万再生できたとき、本当に公約が果たせるのかという、ご心配もいただいた。

しかし、私にも清川にも、完全に勝算があった。メディア向けには「えらいことをやってしまった」という顔を見せたが、内心では、１０００万回は無理でも、１００万回なら遠からず達成できる目算があったのだ。問題は、１００万回再生を達成したあとの公約実現のほうだ。こちらも私には、あまり根拠はないが、大丈夫だという自信だけはあった。それは別府市民の底力をよく知っているからにほかならない。お祭り好きで地元が大好きな仲間たちが力を合わせれば、できないことはない。そう思っていた。

動画公開から4日目、ついに動画が１００万回再生を達成した。「はじめに」で述べたように、それを待つ間の落ち着かない気持ちは初めての経験だった。そして達成したときの興奮、高揚も忘れられない。絶対大丈夫と確信はしていたものの、これほど早く達成できるとは思っていなかった。

担当職員たちは真っ青な顔をしていた。この企画が実現できなかったら、たいへんな批判を浴びることになる。今後のことは具体的にはこの時点で何も決まっていなかった。実現への不安を抱えている関係者を早く安心させなければならない。

私は「湯～園地」実現への期待の大きさをしみじみと噛み締めながら、11月27日に、正式に「湯～園地宣言」を行った。もう後戻りはできない。

公費は一切使わずに実現してみせる

懸念材料の大きなひとつは資金調達だ。

「湯～園地」実現のために、熊本地震で大打撃を受けている市民の血税を使うのは本末転倒だと思った。また、これで観光客を増やし、市の収入を増やそうというのも違う。

これは「まつり」なのだ。新しいアイデアが満載の「湯～園地」は、別府市がひとつにまとまる大きなきっかけになるはず。そうして欲しい。地震後の復興・再生にむかって、市民の気持ちをまとめあげ、自信を取り戻し、地元が誇れる「まつり」にしなければならない。経済効果はさておいても、まずは落ち込んだマインドを立て直す必要がある。この思いは、地元を離れて暮らす別府出身者の方々にも届いていた。ＳＮＳにはそんな人たちからの激励の言葉が次々に飛び込んできた。住民と、別府出身者の誇りが、この「まつり」にかかっているのだ。

最初の構想どおり、市の公費は一切使わないことにした。資金は、別府を支援したい人、この企画を面白いと思い、実現を望む人からのお金に頼るのが一番だと考え、クラウドファンディングを利用することを決めた。

クラウドファンディングがスタート

クラウドファンディングは、インターネットを利用した資金調達の手法である。新サービスや新商品の開発など、何か新しいことを始めるときに、不足する資金をインターネットを通じて広く募るのである。その仲立ちをする会社は多数ある。今回はキャンプファイヤーというクラウドファンディングのサービス会社に協力していただいた。

資金を募る側は、まず企画をできるだけわかりやすく、たくさんの人に伝える必要がある。そして目標金額を決め、資金を募る。資金提供者がその見返りとして何が得られるのかもきちんと決め、納得できるものにしなければならない。もし設定期間のうちに資金提供の申し込みが目標金額に達しない場合、その企画は流れてしまう。目標金額を上回る資金提供が得られた場合、その企画は必ず実行し、決められた見返りを資金提供者に渡すことが条件になっている。

資金提供の見返りは、いくつかの段階で用意した。3000円を提供すれば、市長からの感謝メールなどの特典がある。8000円で「湯〜園地」の入園チケットがもらえる。100万円で、7月に開かれる「べっぷ火の海まつり」で1分間の花火打ち上げの権利がもらえる、という具合だ。

目標金額は当初1000万円と定めた。これを上回ると「湯〜園地」が実現できる。その内容の細部は詰められていないものの、温泉関連のアトラクションを、金額によって増やしていくことにした。

クラウドファンディングがスタートしたのは2017年2月9日だった。プロモーション動画が応募サイトに掲載され、それを見て楽しそうだと思ってくれた人も多かったのだろう、反響はすぐに現れた。クラウドファンディングでは、スタートからの初動でどの程度の資金調達ができるかが見えてくる。

キャンプファイヤーは、資金調達の達成予測を伝えてくれた。予想以上の応募があり、1000万円達成は確実なものになった。もう、「湯〜園地」開催は完全に決定した。しかし私はそれで満足はしなかった。もっとアトラクションの数を増やし、さらに楽しめる「ま

「湯〜園地宣言」動画シリーズの「市長の緊急発表」では、資金をクラウドファンディングで調達することをお知らせした。このときは、目標を1000万円としながらも、資金は１億円集めると宣言した。目標額の１億円には届かなかったが、最終的には約9000万円を集めることに成功した。

つり」にしたい。

そこで「ストレッチゴール」という制度を利用することにした。クラウドファンディングを実施している期間内で目標金額を超えた場合、設定された条件を拡張して、新たな目標を設定することができるのだ。

ストレッチゴールはまず２０００万円、次に３０００万円へと変更された。変更のたびに、新しいアトラクションの提供が約束された。それに応じて応募者がますます増えていった。最終的には期限である４月10日までに、３６３８名から合計３３９６万６５８５円が集まり、ストレッチゴールは十分に達成された。

最も多かったのが8000円の提供者だった。入園チケットを買う感覚で支援してくれたわけだ。開催日である7月29日、30日のチケットは1000名超、31日は800名超が申し込んでくれた。応援するからには体験したい。これは当然のこと。狙いどおりである。なお、100万円の花火打ち上げ権に応募してくれた方も2名あった。さらに30万円の「市長とのさし呑み券」も5組の応募があった。世の中には奇特な人もいるものである。

クラウドファンディングを行政の枠の中で行うことには懸念もあったのだが、結果的には大成功となった。

ただし、私は「クラウドファンディングで1億円を集める」と公言していた。これには残念ながら届かなかった。しかし、クラウドファンディングとは別に、多くの市民から100万円単位の高額寄付が相次ぎ、その金額は6000万円にのぼった。市民と他の有志の方々のご支援で「湯～園地」実現のための資金は合計約9000万円となった。

「やらかした市長」のイメージでメディアに引っ張りだこ

この間、テレビや新聞、雑誌、ウェブメディアからの取材申し込みが多数あった。私はそれにすべて対応させていただき、決して断らなかった。その努力は、クラウドファンディン

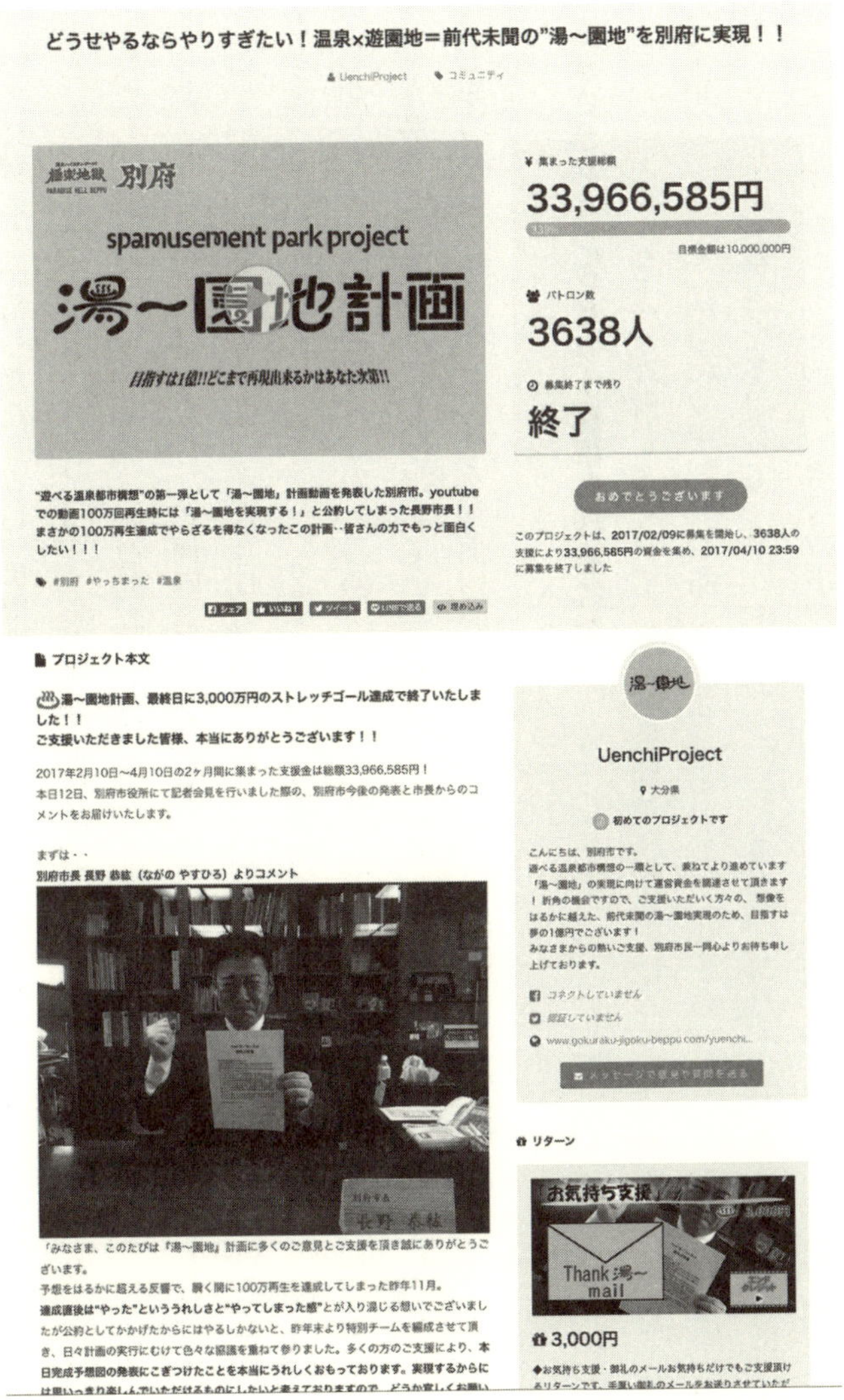

目標額を達成したクラウドファンディングのサイト画面。

グへの応募にも影響しただろうし、また別府の知名度をさらに上げ、「面白いことをやるまち」「チャレンジするまち」というイメージを世間に拡散できた。

ただし、各メディアの論調は好意的なものばかりではなかった。「市長、やっちゃいましたね」と何回言われたことか。約束した手前、苦しくてもやらなくてはいけない板挟みの市長。そんな切り口で「湯～園地」のニュースが伝えられることが多かった。「絶対無理でしょう」というテレビパーソナリティもいた。

しかしそれでいいのだ。このころのメディアには、私の泣き笑いのような表情の写真がたくさん載った。そんなに心配はしていないのに、空気を察して表情やコメントをサービスしてしまう性格なのだ。そのほうが面白い。

さまざまなインタビュー記事も作られた

そんな気持ちをよく理解してくれて、楽しさ満載の記事に仕立ててくれた方もいる。熱烈な温泉ファンで、別府のファンでもある「ヨッピーさん」がそのひとり。ヨッピーさんの記事スタイルは、写真を多用して、インタビューのあり様をマンガを読むような感覚でウェブサイトに描くというものだ。クラウドファンディング会社の提供による記事なのだが、ヨッ

楽しいインタビュー記事を作ってくださったヨッピーさん。「おでかけ体験メディア SPOT」サイトより。
https://travel.spot-app.jp/beppu_yuenchi_yoppy/

ピーさんが「激怒して」市長室に乗り込み、「遊園地を温泉にするって別府市長は何考えてるの？」と問い詰めるという内容だ。この前にもヨッピーさんは「別府市の魅力が全国にまだまだ伝わってないのは市長の怠慢ではないのか!?」とクレームをつけに来たことがある。それも彼のスタイルの楽しい記事となっていた。

ウェブサイトに掲載された記事では、私を「やらかしてしまった戦犯」と呼ぶヨッピーさんに対して「やらかしてしまいました」と答える。そしてヨッピーさんがキビシク問い詰めるもっともな疑問に対して、私がひとつひとつ答えていき、やがて「湯～園地」の全貌が見えてきて、読者の方々の心配事が解消していくという、秀逸な記事にしてくれた。本当に感謝の気持ちでいっぱいだ。最終的には「湯～園地」チケット20枚分のご支援を半ば強制的に頂戴した。それが記事のオチ。いろんな意味で、本当にありがとうございました。

なお、このときのチケットは、縁あって大分出身のアイドル指原莉乃さんに贈られたということを後で知った。指原さんと「湯～園地」でツーショット写真を撮った私だが、そんな経緯があったとは。重ね重ね、ヨッピーさんには感謝している。

ＳＮＳによる情報拡散効果にビックリ

そんなメディアの影響のほか、実感したのはＳＮＳの情報拡散効果だ。宣伝広告費に換算したらとんでもないことになるのではないだろうか。

自分自身の仕事やプロジェクトの進行の具合を、リアルタイムにＳＮＳで発信すると、ときどき大きな連鎖反応を起こし、爆発的に情報が拡散する。だが必ずそうなるわけではない。そこで感じたのは、発信する言葉や内容を受け取った人が、自分の言葉に直して他の人に伝えられるかどうかが、連鎖反応の有無や大きさを決めるということだ。連鎖反応を起こすには、受け取る側が共感・感動して、または単純に面白いからと、他に自分の言葉を添えて伝えたくなるように発信することだ。ＳＮＳにフィットしたコミュニケーションの仕方がある。

特に「湯～園地」プロジェクトはまだ形がなかった。みんな半信半疑でいるところに、本当にやっていること、本気なことを、常にＳＮＳで発信したのが、支援に結びついたと思う。

地方自治体のＰＲは資金的にもなかなか難しいが、ＳＮＳを活用したほうが効果的な場合はある。うまく表現して見せれば、連鎖反応は起きる。公的組織だから外向けの発言に気をつけるのは当然だが、だからといってＳＮＳを使わないのは、はっきり言って損である。別府市の場合はＳＮＳで広報活動が劇的に変わった。

6 描いた夢と現実の課題…それでもなお大きな夢を描き続けること

資金集めに目処がつき、いよいよ「湯~園地」実現のための具体的な活動が始まった。

まずは何と言っても開催場所を確保しなければならない。それは当然、プロモーション動画撮影でお世話になった別府ラクテンチでなければならない。

ラクテンチは別府の人々にとって特別な思い出のある場所だ。ふだんのラクテンチは、子ども連れの地元の人がのんびりと楽しめる憩いの空間だ。ジェットコースターなどの「絶叫系」アトラクションもあるにはあって、刺激を求める人も楽しめるのだが、代表的な人気アトラクションは「あひるの競走」である。誰でもがゆっくりと楽しめる遊園地なのだ。創業から約90年のこの遊園地には、別府の人は必ずといっていいほど、子どもの頃に訪れている。別府人の心の底には、常にラクテンチの記憶がある。

「湯~園地」は、別府市民が市民のために催す「まつり」。だとすれば、この遊園地以外の開催場所は考えられない。

私は、動画制作段階からラクテンチ側は承諾してくれているとばかり思っていた。しかし、やる気満々の私の目に入ってきた夕方のニュースの中で、ラクテンチ職員の女性がこう言い放つのである。「これは実現できないと思います」……。あぁ、これで私も終わったなと覚悟した。

それはそうだ。そもそもラクテンチに十分な温泉の湯があるわけがない。遊具や高価なアトラクション施設や、機材がお湯に濡れて劣化する可能性だってないとはいえない……。少しだけネガティブになったが、すぐに持ち直すのが私である。市内にはお湯が出過ぎて捨てている場所もある（実際夜間の湧出湯は使われずに流されてしまっている）。それを持ってくればよい。多少は施設や機材に変更を加えるかもしれないが、絶対に劣化や損傷を生じないように、創意工夫と周到な注意を払えばクリアできるはずだ。我々の側にはプロジェクトの全貌が見えてきていて、実現にある程度自信があった。だが、初めて案を見る側は、とてつもないチャレンジに見えてしまう。その自信の根拠を説明すれば理解してもらえるはずだ。

結局、ラクテンチを経営する株式会社岡本製作所の岡本典之社長に直接掛け合った。別府市で90年やってきた遊園地と行政、市民のつながりは深い。このプロジェクトが別府にとってどんな意義があるのかを説明すると、岡本社長ももちろん別府を愛するひとり、開催を承諾し、「湯〜園地」実現に協力すると、固い約束を交わすことができた。これで、開催前の大きな課題はほぼ片付いたことになる。あとは、がむしゃらにやるだけだ。

7 30トンのお湯が舞った「湯・ぶっかけまつり」

動画公開、クラウドファンディングの目標金額達成、ラクテンチの承諾と、「湯〜園地」実現に向けた取り組みが次々に成果を見せていた4月初めには、昔からの伝統ある「別府八湯温泉まつり」が開催された。私は、このまつりのグレードアップを目論んだ。清川をまつりの監修役に、今までにない派手で豪快で、若い人がもっと楽しめるものにしたいと考えたのだ。これを「温泉都市構想」の第1ステップとし、「湯〜園地」をその第2ステップ、さらにその先に予定している「東洋のブルーラグーン」（アイスランドの大規模温浴施設ブルーラグーンの別府版の建設＝第4章参照）を第3ステップと位置付けた。

清川はこれを受け、従来同まつりの目玉だった「湯かけ」を、「湯・ぶっかけ」に変更した。それまでは、市内の大通りを20基以上の神輿が練り歩くのに向けて、まちの人々が柄杓《ひしゃく》でお湯をかけていた。今回は、柄杓をホースにし1トン程度だったお湯の量を、30トンに増やした。

使われたお湯は、温泉施設から常に出てくる未利用のまま捨てられる温泉だ。これを汲み、専用の車両で運び、タンクにためて、湯ぶっかけに使う。もちろんかけるときには温度は低

別府八湯温泉まつりの風景（2017 年）。

下していて、体温よりも少し暖かい程度の温度になっている。

会場には、ＤＪブースを準備して、大音量の音楽を常に流した。これにより、当日の会場はこれまでにない熱気と興奮に包まれた。

また私の盟友、ダイノジのおふたりも来てくれて、会場をおおいに盛り上げてくれた（ダイノジの大地さん、大谷さんはふたりとも大分県の出身である）。

以前は「昔は華やかだった」と語る年配の方が多かったのだが、今回のまつりでは、往年とは全然違った華やかさが生まれたのではないかと思う。実際、昔を知るおばあちゃんが涙を流して、「昔の温泉まつりそのものや」と言ってくれた。やっていることは違うが、「まつり」

の魂は引き継がれていた。新しい伝統を、いま私たちが作っていると実感した。

この「湯・ぶっかけまつり」の演出と温泉の使い方は、ほぼそっくり「湯〜園地」でも踏襲された。はからずも、「湯〜園地」運営のためのトレーニングともなったようだ。

第3章

別府が湧いた！「湯～園地」開園

1 「湯～園地」伝説の始まり

２０１７年7月29日、ついに「湯～園地」開催の日がやって来た。この日から31日までの開催だ。この開催日は、７月28日～30日に開催される「べっぷ火の海まつり」に２日間を重ねていた。「べっぷ火の海まつり」は市内に数箇所の会場を設け、納涼音頭やダンスなど数々のパフォーマンスが繰り広げられる３日間だ。さまざまな露天屋台が並び、市街はおおいに賑わう。クライマックスの30日には、海上での大花火大会があり、別府湾の2隻の船から、大玉１００連発や黄金孔雀などの豪華絢爛な花火が打ち上げられる。これを楽しみに、全国から約20万人の人がやってくる。だから7月の終わり頃の別府市街は大賑わいだ。しかし今年は例年とはだいぶ様子が違っていた。「湯～園地」が多くの市外の人を呼び込み、さらに華やかさと賑わいを加えたからだ。日中は「湯～園地」、夜は市街の「火の海まつり」に繰り出す人も多かった。

そんな「まつり」の雰囲気に包まれた別府の中でも、朝早くからとんでもない熱気が満ちたのが、ラクテンチに設けられた「湯～園地」入場口前のウエルカムゾーンである。

開園直後のウエルカムゾーン。午前10時の開園とともに入場ゲートには多くの来園者が押し寄せた。

「湯～園地」開園時間は午前10時なのだが、ウエルカムゾーンには7時から人を受け入れていた。音楽が流れるこのゾーンでは、開場から30分もすると、もう見知らぬ来園者どうしが異様な盛り上がりを見せていた。みんな「楽しむぞ！」と、心に決めてそこに来ているのだ。それから3時間後、その高揚状態のまま、「湯～園地」になだれ込むことになる。

さて、ここから先は、「湯～園地」実現のための奔走の日々と、その結実とを、「湯～園地」開催時のスナップ写真を見ながら語っていくことにする。

繰り返しになるが、これは、別府市民のための、別府市民による特別な「まつり」である。市民の手づくりの「まつり」でありながら、全国各地から来てくださる皆さんにも、おおいに楽しんでもらわなくてはならない。それが、別府の復興・再生を応援してくれた人々への恩返しにもなるし、別府の人の気持ちをひとつにするきっかけにもなるはずだ。

行政側としてのこんな思惑は、市民にはどうやら言わなくてもわかっていたようだ。「湯～園地」には連日、５００名以上の市民ボランティアの方々が参加し、運営上の仕事を何から何まで工夫しながらやってくれた。無償でパフォーマンスを披露した人もいれば、駅前での交通案内に忙殺され、「湯～園地」を見ることもできなかった人もいる。みんなが別府のために働いていた。言うまでもなく、その裏方の奮闘こそが「湯～園地」を成功に導いた。

ウエルカムゾーン開場から３時間後、入園が始まる。気持ちよく晴れた７月 29 日の午前７時から詰めかけた人々が移動する。市民ボランティアが交通整理にあたりながら、待ち時間を退屈しないように声がけをし、おまつり気分を高めていた。

2 観光の猛者、別府ネイティブたちの集結

話は遡り、6月初め頃のこと。「湯～園地」計画総合監修を任された清川はハラハラしていたようだ。別府市の観光課の人たちとは「湯～園地」の概略イメージを共有していたが、別府市民のすみずみにまで思いが届いていたわけではない。「湯～園地」は資金や場所があればできるようなものではない。運営にあたる人が十分得られなければ、ひどい結果になることが簡単に想像できた。別府の人々とはこれまでもずいぶん話をしてきた清川だが、具体的な「湯～園地」構想を詳しく話し合ったわけではない。ただ、別府八湯温泉道名人会をはじめとして、観光やまつりに関係する主要メンバーの顔と名前を知ることができたくらいだ。とはいえ、別府の観光を再生しなければならない。そのためには何かが必要だという思いは、市民の言葉の端々から強烈に伝わってきていた。それをどうにか形につなげていきたいとは思うものの、運営にあたる人たちの目処がついていなかった。開催までもうほとんど間がなくなり、清川は焦りを感じていたのだ。

やっと、中心となるメンバーが一堂に会したのだが、それは「湯～園地」開催のひと月

前、暑さがつのる6月初旬のことだった。

集まったメンバーは、別府の多くの祭りで実働部隊となる市民を束ね、調整を行ってくれる「まちのボス＝猛者」たちだ。この人たちは「市役所は全然できてねえ」といつも平気で言うし、行政側からの新しい提案に対しては「誰がやるんかえ？」と必ず答える人たちだ。「湯～園地」の場合も、最初はそうだった。しかし、最後まで「できん」と言われて白紙になる企画もある一方、いったんこの人たちが納得し、その気になってくれれば、企画は必ず成功する。いつもゼロか、１００かの選択になるのである。選択の基準は、協力して汗をかく代償に何が得られるかだ。「まつり」の感動でもいいし、観光業界や商業などの利益でもいいが、それが別府の歴史からくる住民の誇り、プライドを傷つけるようなものでは絶対にダメだ。逆に別府の将来にプラスになると思えば、普段の仕事をなんとか都合をつけて協力してくれる。本当は、別府のために何かしたくてしょうがない人たちなのだから。

この人たちが「よし、いっちゃる！　俺がやっちゃる！」と言ってくれさえすれば、何でも成功してきた。運営にあたる人員募集はウェブや市広報でも行ってはいたものの、この人たちが集めてくれる規模にはかなわない。この年の「別府八湯温泉まつり」には12万人の人が来た。またその中で開催されたディズニースペシャルパレードには7万５０００人が集まった。「湯・ぶっかけまつり」には1万6000人が集まった。昨年の「火の海まつり」には約20万人の人出があった。そんな人数が集まる祭りや、数多く開かれるイベントの運営を仕切るのが、この中心メンバーたちなのだ。中心メンバーは数名程度ではあるが、メンバーひとりがいったん声をかければ、数百人規模の人が動く。いやなことならやらないが、やると決めたら中途半端なことはしない。

その彼らは、すでに転がり出している「湯〜園地」プロジェクトを横目に見て、なかなか具体的な話が出てこないことにじりじりしていたようだ。まだかまだかと、体を揺すりながら話が来るのを待っていたのだ。

清川はこの中心メンバーたちと、かねてからたびたび会っていた。「湯〜園地」企画は当初はまったくの手探り状態で、こうした人たちと意識的に面会を重ね、アドバイスを求めていたのだ。市役所に行くと、たいていメンバーの誰かと出会い、必ず食事に誘われていた。夜遅くなると、「泊まっていけよ」と言われ、泊まると次の朝は朝食を用意してくれた。至れりつくせりのおもてなしをいつも受けるのだった。もちろん観光や「湯〜園地」プロジェクトのことも断片的に話すのだが、むしろ、そのおもてなしが別府の当たり前の文化であることを身をもって体験したことが、企画の一番のヒントになっていたようだ。「おもてなし」が「湯〜園地」の最大のアトラクションになるのではないかと考えが固まったのだ。

その考えが具体的な企画に色濃く反映されていくことになった。

この頃の清川は東京と別府を行き来して、双方の仕事をしていたのだが、やがて開催日が近づくと、別府にずっと滞在するようになった。昼は行政と打ち合わせ、夜は中心メンバーたちとの出会いを持つようにして、徐々にイメージを固めていった。毎年数万人の人々を相手に祭りを現場で指揮する人たちの言葉には重みがある。その力強い手腕と、仕事のセンスに私もいつも驚かされた。別府の人や資源をどう動かせば結果がでるのか、中心メンバーはよく知っていた。大手広告代理店やプロモーション会社の力だけではとうていたどり着くことのできない深層の部分にアクセスし、徹底的に議論を重ね、そしてその力を借りることができれば、別府のみんなの力で「湯〜園地」を作り上げることができるという確信が、この頃の清川に強く芽生えるようになっていた。

「湯〜園地」動画で披露したイメージは、あくまで夢である。現実には再現できないものも多いのだが、来園者の期待を裏切らないように、できるだけ夢のイメージに近づけていく必要がある。

別府にいまある要素をパズルのように組み替えていけば、１００％の別府オリジナルで、あの世界に近いものが実現するに違いない。そしてそれは、潤沢な資金を使った地元以外のプロモーションスタッフで行うイベントとはまったく違う、別府の力を集結させる、新しい「まつり」になるはずだ。

そんなある日、とうとうこの「まちの猛者たち」が清川を居酒屋に呼びつけたのだった。

「いったい、どげんなっちょるの?」

何をしたいのか、全部話してくれという。

清川は長らくこのときを待っていた。

ここぞとばかりに、現在巷を賑わしている「湯～園地」情報が単なる表層的なものでしかないことや、本当は別府市全体を巻き込んだ、一世一代のまちづくりプロジェクト構想であることを、基礎計画から熱弁した。

具体的な言葉こそなかったものの、もうこの段階では「誰がやるんかえ?」は出なかった。それどころか、「どうやればできるのか」を真剣に考えてくれた。

清川は「まちの猛者たち」が協力してくれるかどうか、ずいぶん心配していたようだが、私は楽観視していた。彼らは話が持ち上がったときからずっとウズウズしていたはずなのだ。やがて動き出すことは、私にはわかっていた。

そして、これも私の予想どおり、いったん動き出した「まちの猛者たち」の行動の展開は、とんでもなく速かった。

「備品調達はこうやる」「交通整理はこっちがやる」「遊具の製作はあそこに頼む」と、次々にやるべきことと、その担当チームが決まっていった。

地元の大工さん、水道業者、畳屋さん、呉服屋さん、不動産屋さん、塗装屋さん、ビル管理業者など、地元のその道のプロフェッショナルを全部知っているからだ。ここから準備作業は急展開し始めた。いつもの「別府タイム」には手を焼くが、この極端に激しい集中力と、プロフェッショナルな仕事ぶりには、本当にいつも感嘆させられる。

3 一気にトップギアへ

「湯～園地」運営で特に気をつけなければいけないことは5つある。ひとつ目は人員だが、これは「まちの猛者たち」と、市民の有志、全国の別府ファンの皆さんが協力してくれて、十分に間に合う人数のボランティア登録が実現した。最終的には1100人のボランティアが集まることになり、人員不足の心配はほぼ消えた。ボランティアの皆さんの活躍については後ほどじっくりと触れることにしよう。

交通渋滞、入園渋滞で不快な思いをさせない工夫

ふたつ目の懸念は交通の混雑だ。ラクテンチのロケーションは山を切り開いた中腹にあり、通常の交通手段はケーブルカーか車・バスである。しかしふだんの来園者数と今回とはまったく違う。もともと1日3000名限定入場としていて、チケットはその数を資金提供者に配っていたのだが、チケットには12歳以下の子ども同伴2名まで入園可能な「キッズチケット」や、同4名まで同伴できる「ファミリーチケット」もある。その数を合わせると、最大で１日あたり６０００名が来園すると見込まれた。

来園者は開園時間に集中するはずだ。通常の交通手段だけではさばききれる数ではない。ケーブルカーは定員が40名ほどなので、ノンストップでピストン運転したとしても無理だし、運行回数を増やすと安全面で問題が出てくる。移動距離は２６０メートルだが、なにしろ山の斜面を登るため、日本屈指の勾配（30度）になっているのだ。無理をすれば事故が起きかねない。

とはいえ、せっかく来てくれた人に、入り口の手前で不快な思いをさせては申し訳ない。そこで、住民の方に方法がないかと聞くと、歩いて行けることは行けるらしい。ただ初めての人に道はわからない。そこで「プレミアムサービス」として案内人によるサポートサービスを設け、会場まで誰よりも早く徒歩でアプローチできるコースを用意した。とはいえ、全長徒歩26分のプチハイキングコースだ、それなりに疲れることは間違いない。この問題には別府の皆さんの力をふんだんに活用した。ゴール付近では地元の太鼓集団がラストスパートを太鼓演奏で応援、ゴールすると喉を潤す「おつかれウエルカムドリンク」が振る舞われた。

それでも「湯〜園地」付近の混雑は避けられないと考えて、ウエルカムゾーンの開場を午前７時にしたのである。入園者を開園前の３時間に分散させようというわけだ。そんなに早

「湯～園地」に入場する人たちに「楽しんで」と声をかける長野市長（右）。その左側にいる人物は、プロモーション動画に出てきた別府の「さっしー」（推定 70 歳）だ。動画の最後に市長の右側で湯船に腰掛けていた人物である。動画撮影のときにはＮＧを連発していたが、「湯～園地」開催初日のセレモニーに登場し、「みなさん、別府市長の長野です」と挨拶して爆笑と拍手喝采を獲得していた。

い時間に来てくれるだろうかと心配もしたが、蓋を開けてみると、前出の写真に見るとおり、朝からの大賑わいとなった。

　駅前からの移動には、やはりボランティアの方々が誘導にあたり、スムーズに「湯～園地」にたどり着けるように気を配ってくれた。

　誘導スタッフは「湯～園地」には来れないのに、毎日一所懸命に尽くしてくれたことには、心からの感謝の気持ちでいっぱいだ。

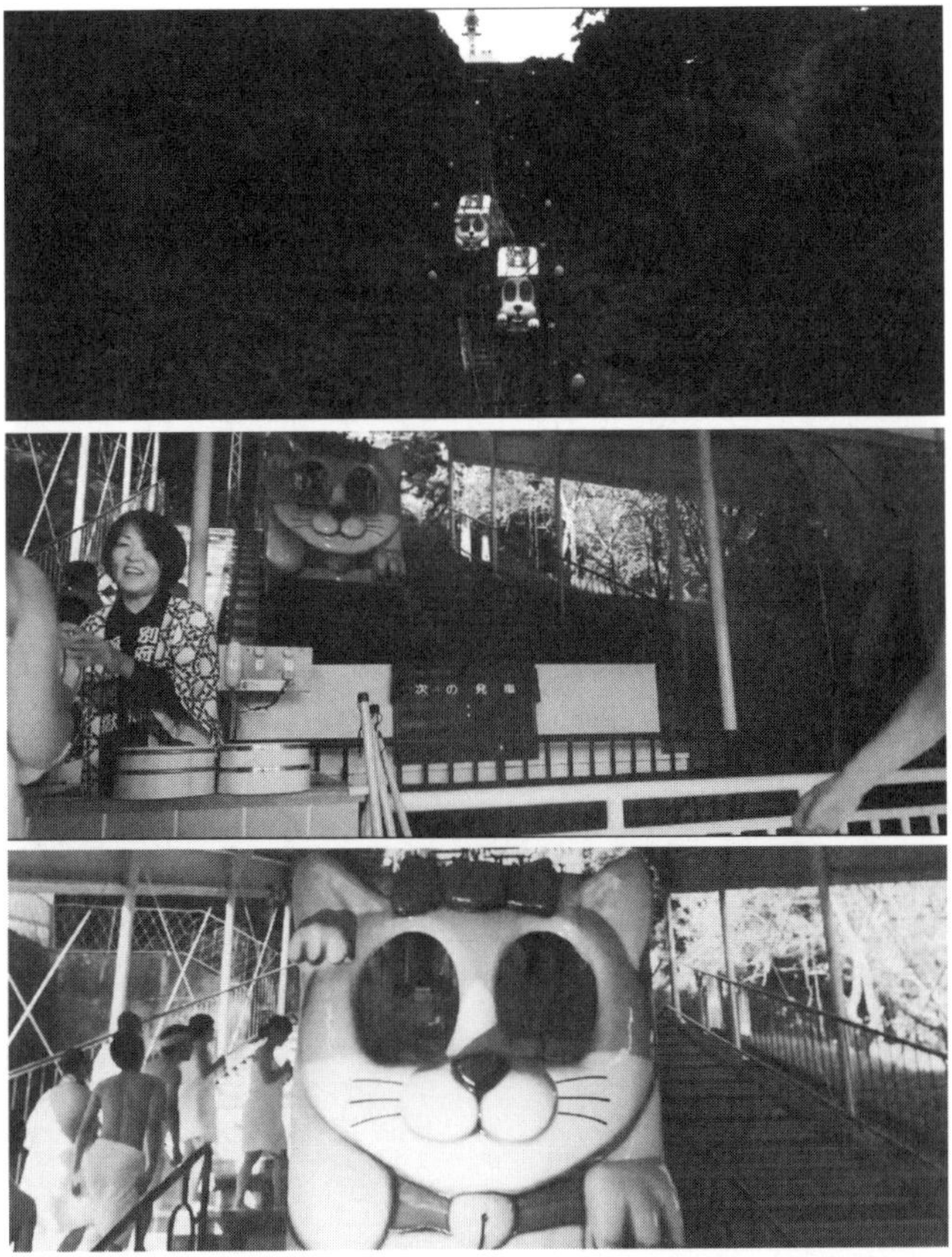

「ラクテンチ」に向かうケーブルカー（「湯〜園地」プロモーションビデオより）。写真はネコ型のメモリー号。他に犬型のドリーム号がある。２台の車両に直径 32 mmのワイヤーロープをつなぎ、山頂にモーターを備えつけて一定のスピードで巻き上げ、巻き下ろす。実際には車両にお湯ははらず、来園者の運搬に大活躍した。

熱中症対策には薬剤師会や医師・医療スタッフの皆さんが貢献

3つ目の課題は熱中症対策である。別府のまちは7月には気温が通常30度を超える。実際に開催日の3日間は連日30度超えの猛暑日だった。炎天下、アトラクションによっては4時間以上の待ち時間が必要になることもあり、そこで体調を崩されるのは避けなければならない。このため、100人規模の「ウチワ隊」を編成し、園内を手分けして常に巡回しながら、行列に並ぶ人を大ウチワであおぐことにした。実際の開催中は、どこにいても、およそ10分に1回はウチワ隊がやってくるローテーションになった。

同様に「水かけ隊」も編成した。こちらは柄杓《ひしゃく》やホース、水鉄砲で水をかける係だ。そのやりかたは「湯・ぶっかけまつり」と同じ。とにかくそこにいる人たちに水をぶっかけるわけだ。初日は、100人規模の「湯〜ゲキ隊」も出動した。こちらはお湯だが、まったく同じようなやり方だ。突然でてきてお湯や水をかけるのだから入園者はびっくりだ。

こうした工夫は、もちろん暑さ対策・熱中症対策の意味もあるが、その一方で「おもてなし」というアトラクションとして機能させる狙いがあった。ウチワ隊にせよ、水かけ隊、湯〜ゲキ隊にせよ、突然現れてびっくりさせるだけでなく、それをきっかけに来園者どうしや、ボランティアスタッフとのコミュニケーションを促進することができる。行列に並ぶ人に「暑

園内各所を巡回して、涼風をサービスしたウチワ隊。

パーティーバスルーム（ジェットコースター下の広場）では「湯・ぶっかけまつり」さながらの放水も行われた。

晴天に恵まれた一方、日差しが厳しかった「湯〜園地」。

いですね」「もうすぐですよ」などと声をかけたり、大声をだして元気づけしたりして、行列に並んでいる間でも少しでも楽しんでもらおうという思いで、みんな自発的におもてなしを考えてくれた。

また、非常事態に備えて、レスキュー部隊として出動できるように、会場で待機している役割のチームもあった。このチームは、別府の芸術祭に参加しているカッパの扮装をしたパフォーマーの皆さんである。来園者に水を配ったりもしていたが、ただひたすら待機してもらっていたのだ。しかし、この「カッパ隊」はわざと入園者の通る道のわきにシートを敷いて寝そべりながら待機した。これは「カッパの頭の皿が乾いて動けない」というパフォーマンスなので

全長 180 メートルの「絶景!!　湯～覧吊り橋」。通る人に温泉ミストを浴びせる吊り橋。人が通るとミストが吹き出すようになっているが、実はボランティアスタッフの方が目視して、人が通るときだけ手動でミストを噴出させていた。

「湯〜園地」公式ドレスコードで入園する人たち。「必ず水着または濡れてもいい服装で入園する」のが公式ドレスコードだ。「その上にタオルを巻いてもらうと雰囲気が出ます」とも広報していた。実際にはＴシャツと短パンで来園する人が多かったが、水着に着替えてタオルを巻いてくれた人も大勢いた。

あった。裏方の仕事を任されていても、その役割を逆手にとって、来園者に楽しんでもらおうというアイデアだ。誰に言われるのでもない、自分たちで考えてやってしまうのである。

温泉鉄砲を噴射するおもてなしの採用の際には、女性への対応に気を配らせた。メイクをしているからだ。

ただ具体的な噴射のやり方を細かくルール化してしまうと、せっかくの「やりすぎ湯〜園地」が台無しになりかねない。女性のみなさんには濡れる覚悟を決めてもらうために入場ゲート付近のメイン導線であるウ

なんとのどかなアトラクション!? 「カッパ隊」。緊急の際のレスキュー部隊が本職なのだが、仕事がない時は園内で横になって、「頭の皿が乾いたから休憩している」と言って待機時間を寝て過ごした。でも暑かったでしょうね！

エルカムゾーンに「湯・ぶっかけ隊」を配置し、絶えず温泉が放出される「びしょ濡れゲート」を設置した。また、それ以降にも、全長約150メートルにも及ぶラクテンチ名物の吊り橋の各所に温泉ミストが吹き出すノズルが1メートル間隔で設置されている。ここもメイン導線である。来園者のほとんどがこの橋を通過し、そしてびしょ濡れになる。もう濡れることなど気にしてなどいられないだろう。繊細な問題もダイナミックに解決してしまおうというやり方だった。メイクが落ちてしまうことは誠に申し訳なかったが、ここはれっきとした温泉施設である。潔く諦めてもらうことにした。

とはいえ、温泉鉄砲を噴射するタイミングは大切だ。食事中や短時間に何度もやられてしまうとやはりクレームになりかねない。開園直前まで運営スタッフと人員の配置や動き方についてては議論がなされていた。それでもいざ開園すると現場では予想外の人の流れができていく。運営本部が設置されていた場所は、園内全体を見渡せる高台の一角。ここから目視でリアルタイムの状況を把握しつつ、必要な場所に必要なだけのおもてなしを届けるための指示が各アトラクションリーダーに向けて随時トランシーバーより発信されていた。

この運営本部を担当したチームもまた、別府を愛してやまないイベント運営のプロフェッショナルのチームブランニューウェイブの有志により編成されていた。

園内に出没した「温泉地獄の鬼」の扮装をしたボランティアスタッフの皆さん。ほとんど別府の市民たちで、ウチワであおいだり水をかけたりしながら、来園者とコミュニケーションをとるのが仕事。別府市民だからこその会話が持てたのではないだろうか。

これよりももっと直接的な熱中症対策となったのは、経口補水液の無償提供だろう。熱中症対策で最も肝心なのが水分補給である。開催前に、大分県薬剤師会の皆さんから、なんと経口補水液を4000本も提供していただいた。これをスタッフが持って園内を見回り、疲れの見える人たちに配ったのである。また開催当日には、同薬剤師会の皆さんが園内を巡回して、健康チェックをしてくださった。さらに新別府病院の医師と医療スタッフの皆さんは、3日間ドクターカーを常駐させ、見守っていただいた。おかげで熱中症でひどく体調を崩す人はひとりもいなかった。これこそが別府の皆さんの努力のたまものであり、一流のイベント会場でもなかなかできないことを地域の皆さんの力でなし得たのである。

食事ブースはワンコインで速攻会計

4つ目の問題は食事である。ラクテンチには食事どころもあり、当日の屋台の出店希望も多かったのだが、そこでも長時間の行列になることが予想された。熱中症予防の面からも、あまり時間がかかる食事は提供できないと考えた。

まずは飲食物の提供を専用のブースに限ることにして、ブースの数もできるだけ絞っていった。「湯～園地」の趣旨に沿った、別府の地元フードなどのメニューを提供する店舗を優

まるで海水浴場？　ラフすぎる格好のお客さん。基本的にはワンコインで買える軽食が中心のフードブース。長い行列を予想したが、特別な混乱はなかった。

園内のフードブースは最小限だが大人気だ。ちょっと珍しい「流し冷麺」の店。冷麺はいまや別府名物として定着している。それが流れるところが「湯～園地」らしい。

大分の名産品を使ったオリジナル商品も登場。大分名産のどんこ椎茸をつかったお稲荷さんを売るお店。大分や別府にゆかりのある商品が物販・フード売り場の主役だ。

先し、しかもそのメニューはワンコインで買えるものにできるだけ限定して、他のお祭りやイベントに比べてフードブースは最小限の広さにとどめた。

来園者は水着などの超軽装になっていて、紙幣がたくさん入った財布を持って歩きはしないという事情もあるが、実際にはお釣りの計算がいらず、スピーディに販売オペレーションができることを重視した結果だ。

実はこのディレクションにはもうひとつの側面があった。園内では思いっきりアトラクションで遊んでもらい、お腹を空かせて、別府の美味しい食べ物は、同日に別府市内で開催されている一大イベント「べっぷ火の海まつり」で思う存分楽しんでもらいたい、という思惑があった。「湯〜園地」には県外からいらっしゃった方々が多い。これは絶好の観光プロモーションの機会でもあり、少しでもまちに繰り出してもらい、別府の魅力にたくさん触れていただけることを目的として園内の飲食ブースの規模を定めた。

安全面は万全の上にも万全を期す

さて、最後の５つ目の難関は安全確保である。ジェットコースターや空中ブランコなどの遊具はもともと安全性が高くなってはいるが、お湯や水をふんだんに使う「湯〜園地」では不測の事態が起きないとも限らない。万が一、けが人が出たりしたら、「湯～園地」ばかりでなく、別府のお祭りやイベント全体に悪影響が及ぶし、これまで練り上げてきた観光振興策が全部白紙に戻りかねない。別府市民も落胆するだろう。だから、安全性には万全のうえにも万全を期した。しかし、セキュリティを高めれば高めるほど、利便性や快適性が低くなるのが常識。その課題を解決するには、やはり人間と、創意工夫しかない。

例えば、ラクテンチの敷地内には立ち入り規制エリアがある。たいていの場合は万が一の立ち入りを防ぐためにそこにバリケードを置くのだが、「湯～園地」では人を配置した。「ここは入れませんよ」と声をかける係が常にいて、注意をするたびに少しではあるが来園者と立ち話もできる。バリケードよりも確実で、監視の目が行き届くうえに、来園者と別府市民であるボランティアとのコミュニケーションができるというわけで、これも「おもてなしアトラクション」のひとつにすることができた。

「湯～園地」の最大の目玉アトラクションは「温泉バブルジェットコースター」だ。ジェットコースターはどの遊園地でも大人気だが、ときどき不具合を起こすこともある。ラクテンチではそんなことはなかったが、もしもプロモーション動画のように全車両に湯をはると、重量の関係で走行に危険があることが事前にわかっていた。動画では、先頭車両だけが湯船

最大の目玉アトラクション、温泉バブルジェットコースター。安全性を考慮して、苦肉の策で編み出した温泉成分入りの泡が各席に満たされた。風にあおられて飛び散る泡が空を舞い、地上に綿菓子のように降っていく、思いがけない素敵な効果が。

になっていて、そのうしろは普段どおりの車両だったが、うまくカメラアングルで調整した。それが安全性を確保できるぎりぎりのラインだった。

そこで、「温泉成分の入った泡」で座席を満たすことにした。泡ならばほとんど重量はない。その泡に温泉成分を混ぜ込めばれっきとした温泉泡風呂ができる。

さらに、走行するとその泡が宙を舞い、やがて地上に牡丹雪のようにふわふわと舞い降りて、あたり一面を幻想的な空間へと昇華させた。

妙案だった。

このときこそが、「湯～園地」計画における最大のブレイクスルーだったかもしれない。

しかし、さらに問題は続く。

1日最大6000人の来園者を楽しませるための大量の泡をどうやって製造するかと、作った泡をどうやって車両に満たすか、さらには泡の成分がコースターの外壁や車輪部分に付着することで、ブレーキが利かなくなる恐れがないかということだ。

泡づくりのために最初に考えたのは、舞台などの特殊効果に使う「フォームマシン」と呼ばれる泡製造装置である。しかしこの装置は大きく重く、取り回しが利かない欠点がある。しかもリースで借りてもかなりの料金になってしまう。この装置をジェットコースター乗り場の外部で使うとなると、泡をどうやって運ぶかが問題になる。

この問題も、やはり市民が解決してくれた。遊具製作を引き受ける市内の小さな町工場の社長さんとその息子さんが「やっちゃる！」と協力してくれて、スタッフが手に持てるようなコンパクトな「湯〜園地」オリジナルの泡製造機を製作してくれたのだ。これを機会に、メリーゴーラウンドの湯船として使う浴槽や、FRP（強化プラスチック）加工を伴うような園内の製作物を、次々と形にしていった。清川はその親子のことを「神さま」と呼び、本格的な製作物が発生する際には、その都度意見をうかがうようになった。

清川は、泡づくりマシンは常時稼働させるもの4台と、故障などに備えてバックアップ用に2台がいると主張したが、3日間のための機械と考えると、コストバランスは合わないのが道理だ。コストの議論を毎晩のように続け、よく話し合って問題点を共有した結果、主張どおり6台を製作する決断をしてくれた。別府市の今後に関わることだと思えば、協力を惜しまないのが別府の文化なのである。実際にはバックアップ用のマシンの活躍シーンはなかったが、運用側の心の余裕になったことは間違いなかっただろう。

これで泡を注ぎ込む方法も決まった。この機械をスタッフが抱えて、コースターの座席いっぱいに泡を注ぎ込むのである。またコースターの外装部分や車輪などに付着した泡成分は、人手でふき取る方法にした。これならきちんと目視して、ブレーキングに危険がないようにできる。その代わり、スタッフは大勢必要だ。ジェットコースターは24人乗りだが、その運用にあたるスタッフは15名だった。プロのオペレーターと、商工会議所青年部の方々が、ずっとこれにあたってくれた。

なんとも手づくり感満載の対策になったものの、技術的リソースでクリアできない問題をことごとく人的リソースに差し替えていくことで、そこには人のにぎわいやぬくもりをふんだんに盛り込むことができる。これこそが「湯～園地」の醍醐味である「おもてなしアトラクション」である。

動画の中でもひと際目立っていたこのジェットコースターは当然ながら一番の人気アトラクションとなり、乗れるまでに最大4時間待ちになることもあった。炎天下の待ち時間に退屈しないように、ボランティアスタッフやどこからともなくやってきた謎のパフォーマーがさまざまなサービスを提供した。

長蛇の列を見て並ぶのを諦めた方々もいたかもしれないが、ジェットコースターが園内を滑走するたびに降り注ぐ泡が、「湯～園地」全体に笑顔の花を咲かせていたことは間違いなかっただろう。

ジェットコースターの搭乗席にスタッフが泡をサービス。人が持てる「湯〜園地」オリジナルの泡製造機でスタッフが手作業で注入した。

パーティーバスルームでは大型の泡マシンも登場。

園内では大量の泡にまみれる場所がもう1箇所存在した。ジェットコースターのレールが大きな半円を描くエリアの中に準備されたパーティーバスルームだ。

そこにいる人は、ジェットコースターが頭上を通過するたびに大量の泡が上から降ってくる。

これがなんとも幻想的な美しさだった。

迷惑顔になる人なんていなかった。みんな泡を追い、泡を頭に乗せてははしゃいでいた。

プロモーション動画の温泉ジェットコースターとはだいぶ違ってしまったが、結果として、私たちも想像すらしていなかったような、オリジナルのアトラクションが生まれ、「動画を超えた」というお褒めの言葉をたくさん頂戴することができた。

パーティーバスルームでジェットコースターから降ってくる温泉成分入りの泡ではしゃぐ人々。泡を飛ばして楽しませることは想定していたが、こんなに盛り上がるとは思わなかった。来園者のはしゃぎっぷりに感激！

4 ボランティアの「おもてなし」に脚光を

人員の問題、交通の問題、食の問題、熱中症予防の問題、安全性の問題と、事前に考えられる課題に企画段階から解決の方策は考えていたものの、現実の「湯～園地」開催ではボランティアの皆さんの協力と創意工夫がなければ奏効しなかった。

また、考えていたつもりでも足りなかった部分はいくつもあり、そんな部分もやはり市民の皆さんが力と知恵を出して解決してくれた。

前節のエピソードに見るような課題への対応も、主催者側の意図に市民の皆さんが賛同してくれたからこそできたことだと思う。事前に想定していた問題でもそうなのだから、開催直前や開催中にも問題が起きることは容易に想像される。

お祭りやイベントに慣れている「まちの猛者たち」でも遊園地の運営などは考えたこともなかったはずだ。規模感の違い、客層の違い、マインドの違い、市外からやってくる人の割合の違い。多くの違いがこの特別な「まつり」を特徴づけていた。次々に起きる問題は、お金では解決できないことばかりだろう。それならどのように解決するかというと、やはり人で解決するしかないのだ。そうして人による解決をめざすうち、さらに多くの人を巻き込み、プロジェクトはますます地元の力を結集する求心力を持つようになっていった。

別府の最大の観光リソースは温泉だと言ったが、別府そのものの本当の最大のリソースは人である。人の数ではなく、それぞれの人の心意気だと改めて痛感した。その心意気の表れを、ここで語りたいと思う。

ボランティア大集合！　役割がわかったのは開催3日前

「湯～園地」は手づくりの「まつり」ではあるが、手づくりだからといってクオリティーをおろそかにするつもりはさらさらない。むしろ手づくりでしか作り上げることのできない細やかさあふれる最上のクオリティーで来園者をもてなしたいと誰もが思っていた。

例えば「パーティーバスルーム」は、来園者が最初に足を踏み入れる場所であり、帰路についた時に通過する場所でもある。ここで始まり、ここで終わる、そんな象徴的な場所だった。「湯～園地」の物語体験を演出するために、清川は特にここのクオリティーには気を遣い、持ち前の音楽的な表現をふんだんに盛り込み、完成度の高い野外イベントスペースを作り上げた。

来園者から最高・最大のアトラクションだったと評価する声が聞かれたのが「パーティーバスルーム」。幼児から高齢者までみんながはしゃいだ、思い出の場所になった。

パーティーバスルーム風景：大型の泡放射マシンも登場。

手づくり遊園地をあなどり、懐疑的な気持ちでいらっしゃった方々は、まずこの完成度の高さに驚いていただけたのではないだろうかと思う。

園内に入ってからの人の導線の作り込みにはたび重なるシュミレーションを行い、徹底的に最良の答えを追い求めた。さらに、完成までの期間の中でその下準備の部分のほとんどの情報の露出に関して規制を敷いた。

進捗を気にするマスコミ各社にも最低限の情報の提供に留め、期待感を極限まで釣り上げた。

それは運営にあたるスタッフやボランティアの皆さんの指揮にあたる中心的なスタッフに対しても同様で、ボランティアスタッフの決起集会を開催したのも１ヵ月半前、さらに全体のシナリオを開示したのは開園の1週間前だった。

もとを正せば実体のない世界を作り上げていくプロジェクトであるがゆえに、その雰囲気作りに至るまでどのように物語を紡いでいくか、そのメリハリこそがエンターテインメントを作り込む上で大切なことだと信じていた。

ボランティアスタッフに対してもおおよそ同じ対応を貫いた。そのため新しい情報が飛び交うと、その都度みんなで一喜一憂した。

そして、次へと駒を進めるために積極的な行動の連鎖が起きるようになり、実現への機運が高まる中、ボランティアスタッフひとりひとりが主役となる意識が芽生え始めたのもこの頃だった。

唯一事前にボランティアスタッフが集結した決起集会では、大まかな役割分担が決められた。このときに集まったボランティアの皆さんは200名前後だったが、そのメンバーは、いつもの祭りのボランティアスタッフとは顔ぶれが違っていた。

祭りは、あの「まちの猛者たち」が声をかけて動員してくれるので、どれだけの人数が集まるかは事前に確定できない。「湯～園地」の場合は主に市報と折り込みチラシでの募集を行い、登録人数が把握できるようにしていた。その顔ぶれは老若男女、本当にさまざまで、初めてボランティアをやるという人もいたし、今年74歳になるというおばあちゃんもいた。祭りのいつものメンバーはおよそ2割くらいだっただろうか。市外からの人も同じくらいいた。最終的には１１００名が集まり、この「まつり」の主役となってくれた。

決起集会での私たちからのオーダーは実にシンプルで「お互いのいいところは声を出して言おう」ということだった。短期間のプロジェクトチームでは、お互いが尊敬し合うことで、信頼関係が急速に育まれる。努力を褒めあい、美点を見つけてはっきりと声に出す、リスペクトアピールのようなことが、団結力にもつながる。そんな気持ちを伝える会になった。

ボランティアのパフォーマーたち

「ウチワ隊」「湯〜ゲキ隊」「カッパ隊」の皆さんは、それぞれ熱中症予防や緊急レスキューなどの役割を持っていたが、それぞれが来園者を楽しませるアトラクションの役割を果たすパフォーマーだった。

それ以外にも、「写真撮ります！　ゴミ取ります！」部隊もいた。揃いのTシャツを着て、園内をずっと巡回して、ゴミを拾って歩くのだ。その途中で写真を撮っている人がいたら、その人の写真を撮ってあげていた。もちろんそこで交わすひと言ふた言の会話も、来園者の

ゴミ集め兼カメラマンとして活躍した「写真撮ります！ ゴミ取ります！」部隊。

思い出に残るかもしれない貴重なコミュニケーションになる。

　この人たちも自分自身をアトラクションとして人を楽しませるパフォーマーだったと言えるだろう。役割であるゴミ集めにも熱心で、しまいには行列で待機している人たちに声をかけて、無理やりゴミをもらっていた。

　また、別府の現代芸術フェスティバルに欠かせないダンサーであり、コレオグラファー（振付師）である「しげやん」こと北村成美さんは、オリジナル振り付けの「湯あがりストレッチダンス」を踊る「フラッシュモブ隊」を組織し、みずから隊長となって、3日間パフォーマンスをしてくれた。

　フラッシュモブ隊は、園内のどこかで1時

「しげやん」隊長率いるフラッシュモブ隊。園内各地に時報とともに出没するダンサー集団。銭湯の定番、ケロリンオケを持って、「しげやん」考案・振り付けの「湯あがりストレッチダンス」を踊った。

フラッシュモブ隊の一行。女性たちに負けず、男性陣も大活躍。

間に1回出没して突然ダンスを始めるのである。北村さん独特の、奇抜で面白い、しかもすぐ覚えられて自分でも踊って楽しめるダンスである。率いるダンサーたちはもちろん別府の人々だ。

フラッシュモブ隊は50名から60名ほどのチームであるが、人目をさけて茂みや物陰に隠れていて、時報アナウンスをきっかけに、行列している人たちや歩く人たちの前に出現して、「湯あがりストレッチダンス」を一斉に踊るのである。来園者も、驚き呆れながらもいっしょになって踊っていた。ちなみに、後でも触れるが「湯～園地」の時報アナウンスは、女優の、のんさんの声で流されていた。記憶に残る演出とパフォーマンスになったに違いない。

さらに、「湯～園地」プロモーション動画の

湯〜園地Memorial

【一の湯】絶叫!!　かけ湯スライダー

お湯が流れるウォータースライダー。「湯〜園地」のために特別に設置されたかけ湯スライダーは、お湯の量が一般的なプールのスライダーの何倍かはある。しかしあまり傾斜はきつくなく、小さな子どもでも楽しめるアトラクションになっていた。

大露天風呂の滝。５分に１回流れ落ちる大量のお湯。これをかぶり続けたのが温泉道名人会会長。

シーンをできるだけ再現しようとしてくれた方もいた。別府八湯温泉道名人会の佐藤会長は、動画の中の大量の温泉を頭からかぶるシーンを再現しようと、大露天風呂となったプールの特別な席に3日間座ってくれていた。その席の上には回転する大きな樽があり、５分に1回樽が回って中の温泉が滝のように流れ落ちる。
　佐藤会長はお湯が落ちてくる真下のその席で、

湯～園地Memorial

【二の湯】絶景!!　湯～覧吊り橋

丘の上にかかる吊り橋は別府市外を見下ろす絶景スポット。ここを通ると温泉ミストでびしょびしょに！

相当な時間を頑張って耐えていた。それを見て来園者が喜ぶので、やめられなくなったのだろう。このスペースは動画を忠実に再現したこともあり、写真撮影スポットと化し、常に多くの人だかりができていた。

裏方仕事にも献身的だったボランティア

前に触れた駅前での人の誘導ボランティアをはじめ、「湯～園地」に来ることもできなかったボランティアの方々もいた。「湯～園地」の外での交通整理に当たっていたためだ。これには別府市の猪又副市長も加わっていたのだが、そんな裏方仕事でもみんなテンション高く、来園者に対応していた。

私も少しだけだがバスガイドとして交通のほうの仕事のお手伝いもしながら、外の様子を見ていた。またほぼ園内にカンヅメの清川も、2日目にはスタッフの車で園外の様子を視察することができた。

そこには炎天下、園内に入ることもなく寡黙に交通誘導に従事する若いボランティアの皆さんの姿があった。

車を降り深々と頭を下げ、時間の許す限り、そこにいたスタッフ全員で交通誘導を手伝った。

湯〜園地Memorial

【三の湯】Ｏｈ〜極楽!!　遊べる地獄大露天風呂

大プールを露天風呂にしてしまった。ここには市内のメーカーから寄贈された「べっぴょん玉」こと「べっぴょんアカパックン」（垢取り）１万個が浮かべられ、湯につかりながら特設イベントステージのタレントたちによるステージアトラクションを楽しむことができた。

正直、今までたくさんの祭りを経験した中で、ましてや会場から遠く離れた場所でこんなにも情熱を持って取り組んでくれる若者を見たのは初めてだった。互いにはげまし合い、そして楽しみながらボランティアワークを行う姿を見て、感動が心の底から込み上げてきた。

また、地元にいても他のイベントや祭りに参加してこなかった人たちが、炎天下でもボランティアワークをテンションを高く保ちながらこなしている姿を見て、素直に別府の底力は凄いと思った。

仕事にあぶれなかった園内ボランティア

園内では、要所要所にボランティアの人員配置を計画的に行っていたのだが、適正と思われる配置をしていくと、100人規模で人が余る状況となることがあった。そんなときは待機していてもらい、どこかで人がたりなくなったら駆けつけて手伝う役目をしてもらっていた。これは本物の「遊撃隊」だ。

結果的にはさまざまなところで人が必要になり、ただ待っているだけで終わるということはなかったのだが、人が余っているのならと帰るわけでもなく、仕事がないときも何かできることはないかと探してくれていた。

湯～園地Memorial

【四の湯】湯めぐり!!　温泉メリーゴーラウンド

遊園地の定番の乗り物だが、「湯～園地」ではヒノキ風呂が馬の代わりに回っていた。市内の工場がこのためだけに特別に４人が入れる浴槽を製作してくれた。設備の関係もあり２台だけだったが、これに乗るために長時間行列に並んだ人が多かった。

別府市の観光部長を務めるマスコットキャラクター「べっぴょん」。暑い中にもかかわらず、一所懸命に手を振りながら来園者を見守ってくれていた。

また、ただ待機しているだけでもいざというときに出陣してもらえる、という心の余裕が運営側の支えとなり、より細部に渡るディレクションができるようになった。この待機スペースには、市内の畳屋さんのご好意で一面に畳を敷き詰め、つかの間の休息の間にできるだけ疲れを癒していただけるよう、空間づくりにも力を注いだ。

決して表舞台に出ることのないさまざまなエリアで、さまざまな方々の心意気が「湯〜園地」の屋台骨を支えてくれたことは間違いないだろう。

湯～園地Memorial

【五の湯】湯～園地名物!!
温泉バブルジェットコースター

「湯～園地」最大のアトラクション、温泉バブルジェットコースターは、温泉成分入りの泡が各席に注入され、泡風呂になった。

これに乗ろうとたくさんの人が並び、行列時間は最大で４時間に及んだ。それでもご覧のとおり、乗った人は元気いっぱい。水を配ったり、ウチワであおいだり、水鉄砲で水をかけたり、ダンスパフォーマンスを見せたりと、至れり尽せりの「飽きさせない」「並んでいる最中も楽しめる」工夫をボランティアの皆さんがしてくれたからだ。

5 創意工夫がもたらすオリジナルアトラクションの数々

「湯～園地」運営上、懸念していたもうひとつの問題は、人をどうやって分散させるかだった。人気アトラクションに人が集中するのはいいが、待ち時間が長くなり、行列の中で飽きてしまう人が出るかもしれない。そこはいろいろなパフォーマンスやおもてなし精神である程度は不満を抑えられるかもしれないが、根本解決にはならない。ほかのアトラクションも面白そうだと思ってもらい、できるだけ均等に全アトラクションに分散したかった。

「湯～園地」のアトラクションで一番人気の温泉バブルジェットコースターに乗れるのは1日ざっと1000名くらいのものだ。最大で1日6000名の入園を見込んでいたので、全員がこれに乗れるわけではない。

乗れない人でも楽しませたいという思いもあり、ジェットコースターの泡が飛び散って落ちる「パーティーバスルーム」を設けて成功したわけだが、それ以外にも、いわばあぶれた人を受け入れるアトラクションがもっと欲しかった。

また、ジェットコースターは身長110センチ未満の人は乗れない。その規制はほかの遊

湯～園地Memorial

【六の湯】　散泉飛行!!
スプラッシュグライダー

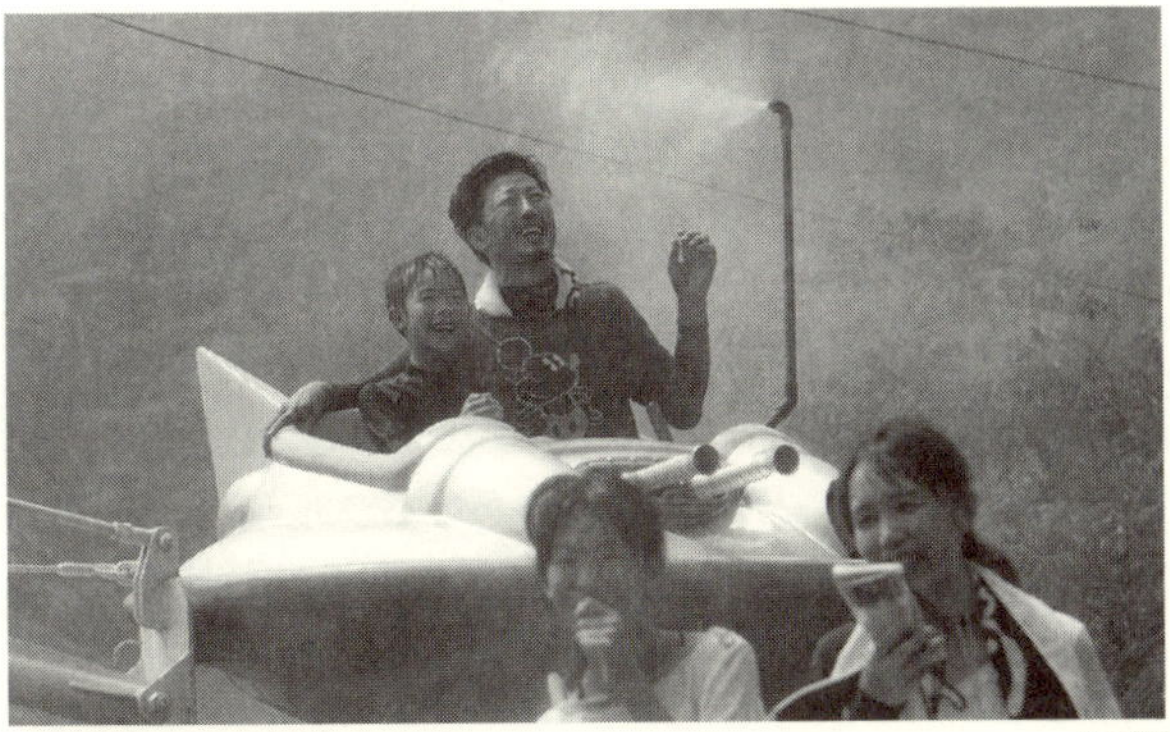

温泉ミストが吹き出すグライダー。ぐるぐると高速で回りながら、スリルと涼感を味わえた。

意外に人気を博した「浮湯〜!!　ゆらゆらクルージング」。のんびりとしてちょっとスリリングな子ども向けのアトラクションだが、１人で乗る大人も多かった。

園地でもだいたい同じで、安全を考慮してのことだ。子ども同伴の人も、これは守ってもらわなければならない。そうすると、小さな子どもを連れてきたファミリー層は乗れなくなる。

また、最大4時間という待ち時間から、行列に並ぶのが嫌で他のアトラクションを探す人も当然いる。そうした人々の受け皿となる複数のアトラクションが必要だ。「湯〜園地」は来園したすべての人に楽しんでもらいたい。子どもも大人も老人も全員だ。そのために、いろいろなタイプの来園者に喜ばれそうなアトラクションを多数考え、多くの選択肢の中から遊びたいものを選べるようにしておきたかった。

湯～園地Memorial

【七の湯】　ＯＵと対決!!　元祖あひるの競走

ラクテンチ名物、あひるの競走を足湯につかりながら楽しむ。大人でも「湯～園地」ならではの盛り上がり方。

ラクテンチのオリジナルな既存アトラクションも利用者が多数。「湯〜園地」仕様の乗り物ばかりでなく、こちらも好評だった。写真はラクテンチの上を空中散歩する「サイクルモノレール」。

子どもや親子連れのためのアトラクションの選択肢は豊富だった。もともとラクテンチには小さい子向けのアトラクションが多く、「ゆらゆらクルージング」や「元祖あひるの競争」は、「湯〜園地」仕様にアップデートしたことにより、独特の味わいが生まれ人気を博した。

その他も、温泉対応化を施していないアトラクションも極力運行し、老舗遊園地であるラクテンチの魅力も余すことなく楽しむことができた。

そういった点においても、結果的には入園料以上の満足度の提供ができたのではと感じている。

湯～園地Memorial

【八の湯】 浮湯～!!　ゆらゆらクルージング

子連れの来園者に人気だったゆらゆらクルージングは、ラクテンチの「ウォーターパレード」の水を温泉に変えたもの。違いはよくわからなかったかもしれないが、濡れそうで濡れないアトラクションに、濡れてもいい格好で乗るのはきっと新しかったのではないか？

油屋熊八翁の銅像が、ゾンビのイメージキャラクターに。別府の大偉人の登場で、ゾンビ役の市民ボランティアも力が入った。

「熊八ゾンビ」が大活躍

　子どもや親子連れ向けアトラクションとしては、それらに加えて、「一の湯」「二の湯」…シリーズの番外で、「熊八ゾンビハンティング　幽～湯～列車」を走らせた。これは特筆しておきたい。別府市民がゾンビに扮して大活躍していたからだ。彼らは、本来のんびりして微笑ましい子ども列車をスリルと大爆笑のアトラクションに変えてくれていた。このアトラクションは、園内専用の子ども列車（乗り物）に親子で乗り、次々に現れるゾンビを温泉水鉄砲（水鉄砲の中味が温泉）でシューティングするものだ。

　そのゾンビのイメージキャラクターとして、別府駅前の銅像になっている別府の観光産業

湯～園地Memorial

【九の湯】 別府一望!! そのまんまサウナ

ラクテンチ名物のひとつ、珍しい２重式の観覧車がサウナに？　実は床にサウナ風の木のチップを敷いただけ。まったく「そのまんま」の仕様だった。お湯に濡れた体で入ってもらえば、自然の熱でちょうどサウナの感覚になるだろうというアイデアだった。現物に乗ってみて、ネーミングが本当だったと笑ってほしかった。しかし、これが意外に大人気を博した。

別府駅前にある油屋熊八翁の銅像。別府の観光開発に多大な貢献をした地域の偉人。「山は富士、海は瀬戸内、湯は別府」というキャッチフレーズを考案したのがこの人。

の父というべき油屋熊八翁にパネルで登場いただいた。

なぜゾンビなのかといえば、駅前にそびえ立つ油屋熊八の銅像が両手を高らかにあげていることからだ。それはどことなくゾンビのポーズに似ているではないか。インパクトある風貌のその人こそが、別府観光の父であると知れば、別府観光の歴史に思いをはせてもらえる。そんな別府観光のプロモーションという意味でも、格好のアトラクションとして仕上がった。

湯～園地Memorial

【十の湯】　速乾 !!　暴風ドライヤーチェア

濡れた体で座ると高速で回転して、風で体を乾かす全自動の「暴風」ドライヤー。昔懐かしい空中ブランコも視点を変えた発想で新しいアトラクションに変身。ここまで超軽装でこの遊具で遊んだ人はあまりいないだろう。本当に濡れた体が乾いたことに驚いた方も多いのでは？

清川は別府であの銅像を初めて見たときから、その異様さとともになにやら可笑しみと包容力を感じさせる熊八翁に魅力を感じてきた。あの姿を、「湯～園地」のどこかには必ず登場させたかった。

それはラクテンチそのものと同様に、市民の心の中に刻み込まれた別府のアイデンティティのひとつでもあるからである。別府の観光開発のために身を削り、全国を行脚してＰＲし、自らも実業家として別府でホテルや旅館を経営してきた熊八翁に特別な敬意を表しつつ、その姿を申し訳ないがゾンビとさせていただいて、「湯～園地」に訪れた子どもたちを全身全霊でもてなすメインキャラクターとしてご登場いただいた。

おかげさまでこのアトラクションは、身長制限でジェットコースターに乗れなかった子どもたちが殺到し大好評となった。なにしろ、思い思いの扮装をしたゾンビが何人も、子ども列車が行くところに出現し、そばに寄ってきて驚かせながら、どこまでもついていくのである。小さな子どもは怖がるが、親は大笑い。そして温泉水鉄砲でゾンビをやっつける。

ゾンビに扮していたのは全員ボランティアの方々だ。撃たれると、みんな派手にもがいて断末魔の表情で倒れていく。そしてまた起き上がる。別府市民の多くが役者のようなスキルを持っている。達者な演技でゾンビ役をやってくれた。中には、美容院からスタイリング練

「熊八ゾンビハンティング　幽～湯～列車」のシーン。ボランティアが扮するゾンビが子ども列車を襲う。乗客は温泉水鉄砲で応戦し、撃退するのがシナリオだ。大迫力で怖がらせて、撃たれると派手にもがき倒れて笑わせる、ゾンビの演技は圧巻だった。

習用のマネキンの頭部を借りてきて、小道具に使っている人もいた。

着ている服は自前で作成したオリジナルな衣装である。至る所を裂き、複数の布を縫い合わせさらにそれを重ね合わせて、よりクオリティーの高いゾンビ演出を追求した。

清川は手づくりだからこそできる細やかな追い込みを時間の許す限りやってほしいと常々伝えていた。そこに真心のこもった別府オリジナルのエンターテインメントが生まれることを知っていたのだ。きっとスタッフは暑かったに違いない。それでも子どもたちの楽しむ姿が大きなモチベーションとなり閉園まで大賑わいのアトラクションとなった。

イベントスペースが集客、人の分散に成功

誰でも楽しめて、かつ人気アトラクションの長蛇の列の分散に大きく寄与したのは、「Oh～極楽!! 遊べる地獄大露天風呂」だった。

ここはラクテンチ自慢の、ふだんは天然湧水を利用した大プール。この3日間だけは、温泉に入れ替えて来園者を迎えた。大規模な露天風呂にはたくさんの人が収容できる。とはいえそのままではシンプルな露天風呂にすぎないので、まちのスタッフや地元テレビ局にも参加いただきさまざまな工夫をこらした。5分に1回滝のように落下する温泉の仕掛けや、

おすぎさんが選ぶ「湯〜園地ニスト」コンテスト。有名人の登場に来園者が集まってきた。

大露天風呂に浮かべられた「べっぴょん玉」（水中の丸い物体）と、壁画の前でポーズをとる男性。みんな楽しそう。

イベントスペースで「宝探しゲーム」などのMCを務めたダイノジさん（中央の2人）。

1万個寄贈された「べっぴょん玉」ことべっぴょんアカパックンが浮かべられていたことは前述したが、ここで一番の集客効果があったのは、その横に設けられたイベントステージである。ここには多くの芸能人の方が来て、パフォーマンスをしたり、トークをしたりして盛り上げてくれた。

「○○が来てる」と噂が広まると、アトラクション待ちの大行列から外れて、大露天風呂に多くの方々が押し寄せた。人が集中しすぎたアトラクションから人を呼び込む効果としては絶大だった。

もちろん、露天風呂につかる人々はステージを観ていれば退屈しない。ここにはタレントのＹＯＵさん、おすぎさん、俳優の竹内力

イベントスペースでは芸能人、有名人がたびたび出演。竹内力さんは渋い顔をつくりながらも楽しそうに「湯〜園地ニスト」コンテストの MC に参加。ユーチューバーのマックスむらいさんもやって来た。

イベントスペースで行われた「湯上りストレッチダンス」の踊り方講習。

さん、芸人のデニスさんなどが来てくれた。YOUさんとおすぎさん、竹内さんは、このステージで「湯～園地ニスト」コンテストの主催をしてもらった。来園した人の中から素敵な着こなしやおしゃれなアイテムを着用している人をその場で選んでもらうコンテストである。突然現れたスターに園内は毎回大賑わいだった。

さらに、忘れてはいけないのが別府の祭りやイベントをいつも盛り上げてくれるあのダイノジのおふたりだ。別府八湯温泉まつりでも観光客を盛り上げていたが、ここでも各種イベントの司会役を務めていただいた。

さらに世界的音楽家であるテイ・トウワさんもお忍びできてくれた。テイ・トウワさん

Ｏｈ〜極楽!!　遊べる地獄大露天風呂で遊ぶ子どもたち。

は大の温泉好きとしても知られており別府をこよなく愛してくださっている。今回の「湯〜園地」では、温泉と遊園地をかけ合わせた世界感を演出するための園内ＢＧＭの選曲を担当していただき、ハイセンスな「湯〜園地」の雰囲気作りに寄与してくださった。

　こうした方々以外にも、開演中多くの出演希望者の方々が直接園内にいらしてくださった。マジシャンやダンサーやコスプレイヤーの方などもいた。今回のルール上どうしてもすべてをお受けすることができず泣く泣くお断りさせていただいたこともあり、本当に申し訳なかったが、またの機会にぜひご一緒できると幸いだ。

このイベントスペースでの集客でも感じたが、芸能人や有名人による情報拡散効果は格別だ。多くの芸能人や有名人の方々が次々に「湯～園地」への協力を申し出てくれたり、こちらからの打診に快く応じてくれたりしたのにはきっかけがある。

コムアイさんがプロモーション動画に出演

実は、音楽グループ「水曜日のカンパネラ」の主演・ボーカルのコムアイさんが、開催日の直前に会場に来てくれて、プロモーション動画に出演してくれたのだ。この動画がきっかけとなり、多くの芸能人や有名人の方々が協力を申し出てくれた。もちろん「湯～園地」の取り組みはそれ以前からご存知だったのだろうが、この動画のクオリティーの高さが、出演を決める動機のひとつとなったと思う。

その動画は、温泉バブルジェットコースターの試乗シーンがほとんどなのだが、彼女の表情と、風をうけて舞い散る泡と、眼下に広がる別府の自然がとても印象的な作品に仕上がっている。コムアイさんと別府との接点はそれまでほぼなかったのだが、コムアイさんがどうやら「湯～園地」のプロモーション動画を見てくれたらしく、ラジオ番組で「湯～園地」に行きたいとおっしゃってくれたらしい。それを、別府の市民が偶然聞いて、私に教えてくれ

コムアイさんが協力してくれたプロモーション動画。開園前の温泉バブルジェットコースターに試乗し、その模様をプロモーションビデオとして公開。この動画をきっかけに、多くの芸能人や著名人が協力してくれた。

た。感動して清川に何か連絡を取る手段があればお会いしたいと尋ねたところ、運良く機会があり、なんと私と清川を彼女のラジオ番組に呼んでくれたのだ。そこでいろいろな話をしたところ、ますます興味を持っていただいたようだったが、開催当日は大きなロックフェスティバルへの出演が決まっていて、会場に来ることはできないとわかった。そこで、開園直前に見るだけでも見てもらおうと思っていたら、プロモーション動画に出演してもよい、という驚きの提案を受けた。なんと嬉しかったことか。

さっそく、その頃ようやくたび重なる試験運行が完了していた開園直前の温泉バブルジェットコースターに試乗してもらい、その様子をカメラに収めたのである。

もちろんこの動画も清川のコーディネートのもと、映像制作のスペシャリストが集結した。「湯～園地」動画の映像監督でもある、ドローイングアンドマニュアルの小原穣さんと水曜日のカンパネラのPV監督を務めた経験を持つ藤代雄一朗さんによるダブルディレクター体制と、なんとも豪華な布陣となった。おかげさまでこの映像も大変な話題となり、開演前の「湯～園地」を告知する上で拡散力の高いコンテンツとして仕上がったと同時に、SNSを利用する良さは、こういう意外な出会いを生むところにもあると実感した。

あらためてコムアイさん、ありがとうございました。

「湯～園地」の声の妖精、のんさんの録音風景。スタジオで清川（写真左）と、テイ・トウワさん（写真右）が立ち会って、和気あいあいと収録した。

のんさんは園内ウグイス嬢として声でご協力

また女優の、のんさんは、「湯～園地」には来れなかったものの、事前に「湯～園地」の声の妖精という役割を演じてもらい、「○時ちょうどをお知らせします。湯あがりストレッチダンスタイム!!」などと、時報を可愛い声で録音してくれた。ちょっとした掛け声など、たくさんの声素材を録音して、さまざまなシチュエーションで園内放送として使用した。これも大変ご好評をいただいた。

この時報に合わせてフラッシュモブ隊がダンスするごとに時報イベントは定着化し、いつしか時報が流れると園内を歩いていた人がフラッシュモブ隊を探すようになっていた。

なお、こうしたイベントには参加できなくても「湯～園地」を応援してくれる有名人の方もたく

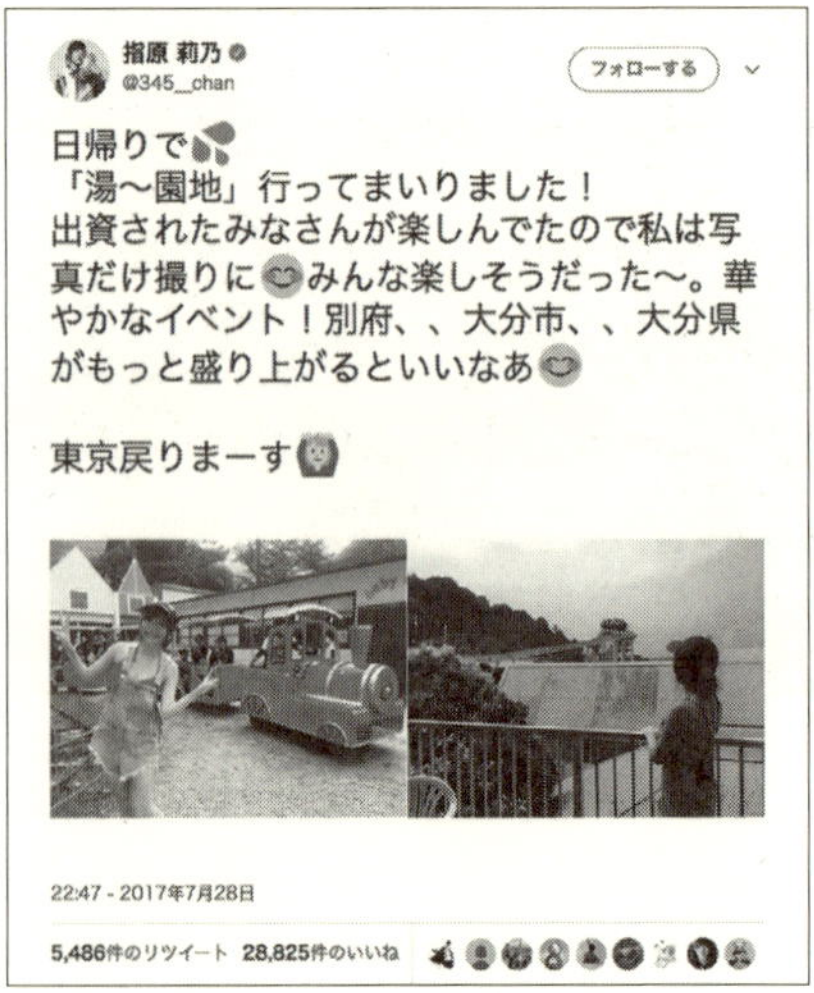
指原 莉乃
@345__chan
フォローする

日帰りで
「湯〜園地」行ってまいりました！
出資されたみなさんが楽しんでたので私は写真だけ撮りにみんな楽しそうだった〜。華やかなイベント！別府、、大分市、、大分県がもっと盛り上がるといいなあ

東京戻りまーす

22:47 - 2017年7月28日
5,486件のリツイート 28,825件のいいね

「湯〜園地」に来園してくれた指原莉乃さんのツイッター。指原さんは多忙な仕事の都合をつけて別府まで来てくれたが、来園者に配慮してアトラクションは利用されなかった。

さんいた。ＡＫＢグループの中でも中心的な存在である大分県出身の指原莉乃さんもそのひとり。忙しい仕事の合間に「湯〜園地」にかけつけてくれて、会場を見て、記念撮影にも応じてくれた。たいへん楽しみにしてくれたようだが、アトラクションに集まる人を見て、迷惑になってはいけないと、何にも乗らずに雰囲気と写真だけをお土産に帰っていった。こういうところに彼女の人気の秘密があるのだろう。

何しろ、類を見ない世界初の温泉テーマパークなので、入園当初は、楽しみ方を誰もが手探りしていた一面もあったが、数時間を過ごすと自分なりの楽しみ方を見つけてくれるようだった。

それは運営スタッフ側も同様で、本当に準備

した企画や演出で楽しんでくれるか、またそれがどこまで満足度を提供できるかに関しては正直不安な点もあった。

しかし、結果としてはこちらの意図をはるかに超えて、来園者の皆さんがそれぞれに楽しみ方を見つけてくれた。

もちろんそれは、私たちが用意した以上の「おもてなし」という最上のアトラクションを、ボランティアに参加した別府の皆さんと市外からの皆さんが提供してくれたからにほかならない。

その楽しみ方は後日、ブログやＳＮＳで知ることになる。本当に多くの人がＳＮＳやブログで当日の状況や感想を発信してくれた。さまざまな楽しみ方のバリエーションがあることで、人気アトラクションに人が集中しすぎず、大きなトラブルなく運営できたのだと思う。何が起きるかわからない、初めての「まつり」だけに、心配ごとは無数にあったが、結局、全部地元の皆さんと別府ファンの皆さんが解決してくれた。無事に３日間の開催を完遂できたのは、皆さんのおかげだ。

6 それぞれの「湯～園地」動画

ここまで、運営側からの視点で、裏話を含めて「湯～園地」の全容をふりかえってみたが、来園者やボランティアの方の視点はそれぞれ違うかもしれない。「湯～園地」に来た皆さんは、最初から思いっきり楽しむ心の準備が整っていて、迎えうつ側が準備していたさまざまなものを楽しみを拡張させるためのツールとして活用し、自分なりに思う存分楽しんでくれたのではないかと思っている。

開催後も、さまざまなメディアで「湯～園地」の「結果」を取り上げていただいたが、評価はどれも好意的なものばかりだった。また、個人で情報発信されているたくさんの方々が、動画サイトやブログ、ＳＮＳを通じて「湯～園地」のレポートや感想を記された。その内容もおおむね好評で、苦情を言う場合でも「ここはこうであればもっとよかった」と、暗に次の開催を期待してくれる記事が多かったように思う。左ページに代表的な投稿動画を紹介させていただくが、ほかにも、たくさんの関連動画をユーチューブで観ることができる。「湯～園地」動画と見比べていただくと、どのような催しだったのかが、より正確にわかる。

showco さんの Youtube チャンネル「showco の女子的冒険 LIFE」の「別府市・湯～園地計画に行ってきた！」より。
https://www.youtube.com/watch?v=39CEP9sh2AU
ブログ：http://www.show-co.com/archive

ベテラン Youtuber、マックスむらいさんの Youtube チャンネル「マックスむらい」の「温泉×ジェットコースター？　別府の「湯～園地」が面白すぎた www」より。
https://www.youtube.com/watch?v=sedN9LvOCQc

7 Thank 湯～ Very Much!!!　涙のグランドフィナーレ

7月29日に始まった「湯～園地」は、同月31日にグランドフィナーレを迎えた。3日間にわたり、別府は晴天に恵まれた一方、気温は日中は常に30度を大きく超える真夏日の連続だった。入園者の皆さんも、ボランティアの皆さんも、日差しの強さには参ったのではないかと思う。それでも熱中症などの症状を起こす人もなく、最終日を無事に迎えることができた。31日の夕方には、ほとんどの人が「パーティーバスルーム」にやって来て、最後の大はしゃぎを繰り広げた。全員泡だらけ、びしょびしょになりながらハイタッチをして、誰かれかまわず話しかけては笑いあっていた。そんなことができる雰囲気を作り上げることができたのは、この異空間があればこそのことである。

異なるものが自然と混ざり合う、みんなちがってみんな良い。これこそが観光都市別府の基礎となる「別府らしさ」だ。間違いない。普通の祭りやイベントではなかなかこうはいかなかっただろう。やはり特別なモチベーションで特別に作り上げられた、前代未聞の「まつり」であったことを再認識した。

パーティーバスルームでのグランドフィナーレの風景。全員泡まみれで踊り、ハイタッチを繰り返して「湯～園地」の名残を惜しんだ。写真下の頭に泡をかぶった人物は長野。

グランドフィナーレで踊りまくる人たち。知らない人どうしでも、裸の付き合いができたのが「湯～園地」という異空間。グランドフィナーレはその象徴的な時間だった。

私もその群衆の中にいた。この3日間は、私自身がひとつのアトラクションと化していた。

このときばかりは、恐縮ながら自分がスーパースターになった気持ちになった。来園者は私を見かけると手をふり、笑顔を見せてくれた。近くまできて、握手やハイタッチを求められることも、どれだけあったかわからない。なにしろ、写真撮影を求める人で行列ができるほどだったのだ。私に人生最高のモテ期が到来したのだ。そして、口々に、「すごいことをやりますねー」「さすが別府!!」と言ってくれる。

そんな褒め言葉を聞くと嬉しいが、「いやいや、皆さんがこれを作ったんです。皆

ジェットコースターの位置と同期して温泉バズーカが打ち上がる。カノン砲で祝砲を撃つイメージで行った演出である。

グランドフィナーレの興奮。これは「イベント」ではなく「まつり」だと改めて実感したひととき。みんなの気持ちがひとつになって、爆発していた。

さんのおかげです。ありがとうございます」と答えていた。それが本音なのだ。

広場のイベントスペースには、ジェットコースターに仕込んだセンサーに同期する温泉バズーカから放出される温泉がとめどなく降り注ぎ、会場全体を盛り上げていた。その高揚感をさらに押し上げるようにダイノジさんが群衆を煽っている。会場に鳴り響く心地よい音楽と大量の温泉バブルがクライマックスに押し寄せた来園者を彩っていた。閉園前のこのひとときは開催中毎回、興奮と感動を巻き起こしていた。

「これが一番のアトラクションだった」という人も多かった。この場所だからこそ味わえる、人々との一体感がそう思わせたの

グランドフィナーレの一角には長野と清川もいた。長野（写真上）はこの喧騒の渦中にいて、来園者の皆さんと一緒にその興奮を共有していた。一方、清川（写真下、Ｔシャツの人物）は、ダンサーの皆さんたちと一緒に会場の盛り上がりを感動しながら見守っていた。

ではないかと思う。最終日のグランドフィナーレは、また格別だった。この日までの苦労や悩みを思えば長く、参加者の方々の笑顔や奮闘を思えば本当に短く感じられるプロジェクトだった。

最後に繰り返してまた言いたい。「Thank 湯～ Very Much!!!」。

第4章

別府全土に観光の種を蒔いた「湯~園地」

1 大きな「湯～園地」の樹の下で

大興奮で幕を閉じた「湯～園地」。晴天続きの3日間だったが、グランドフィナーレ終了後、激しい夕立がやってきた。まるで天が閉園を悲しむかのような気がしたのは私たちだけではないだろう。多くの人が、「またやってほしい」と思っていたのではないだろうか。実際、「定番の催しにしてほしい」と言ってくださる方も多くいらっしゃる。それだけインパクトを残し、皆さんに喜ばれた「まつり」となった。

「湯～園地」そのものを再び行う計画は今のところないが、この「まつり」が生みだしたものを大切にし、別府がそれをどう継承し、発展させていくかが今後の重要課題となった。

ここからは、「湯～園地」計画の意味と、今後への継承、発展についての見解を述べさせていただく。

同じ目標のもとに、市民をはじめ多くの人の心がひとつに

「湯～園地」プロジェクトの成功要因の最大のものを挙げるとすれば、参加者全員の心がひ

「湯～園地」初日に記者発表を行った長野（左から３人め）と、実行委員の主要メンバー。今後もこうしたメンバーとともに、「湯～園地」が残したものを継承し、発展させる活動を行っていく。

とつになっていたことだろう。「湯～園地を成功させよう」という思いは、プロジェクト側やボランティア側だけでなく、賛同してくれた入園者の皆さん、クラウドファンディングで資金を提供してくれた皆さん、それにもちろん別府市民、そしてその他の地域の人まで巻き込む大きなうねりになりながら、全員に共有されていったと思う。

私は発端となった動画を制作する段階から、常々「これは観光客の皆さんに向けて作ったものではなく、市民の皆さんに向けて作ったもの」だと言ってきた。中には「意味がよくわからない」と言う方もいたが、「湯～園地」が結果を見せた今、その言葉の意味を多くの方に理解していただけたのではないかと思う。
このプロジェクトにより、別府のまちづくりは、新しいフェーズに入ったと思っている。なぜなら、別府市民が地元のために汗を流し、全国、あるいは海外からも大きく注目されるような成果を手にして、大きな誇りを感じているに違いないからだ。このまちのために自分が何かできるという思いの熱量が、沸点にまで達した。だからこそ、次に何かの目標ができたときには、その沸点からスタートできるのだ。これは、この次の取り組みを成功させる何よりの条件になる。

前武雄市長、樋渡啓祐氏からいただいた言葉

「湯〜園地」プロジェクトの終了後、私が尊敬する佐賀県前武雄市長の樋渡啓祐《ひわたしけいすけ》氏から、ご連絡をいただき、次のような言葉をいただいた（以下、引用）。

今回の企画はまさに「革命」。しかも周到に準備された研ぎ澄まされた革命。地方創生とか生ぬるい言葉では言い表せないインパクト。別府市民の気持ちが変わり、次に市長が何を仕掛けるにしても、はたまた、市民の皆さんが何をやるにしても、この沸点まで上がったマインドからスタートすることになる。だから上手く行く可能性が極めて高い。（樋渡氏は）市長時代、そして、今は講演でいつも温度を上げる、風を吹かせることが大切だと言い続けてきたが、今回の企画はまさに良き教科書になると思う。

また樋渡氏は、「湯〜園地」は「実現する前の段階において既に成功」とも仰った。これはまさに私が思っていたことそのものだ。

プロジェクトの実現に至るまでの道作りには私の意思決定が影響したかもしれないし、清川氏という天才が総合監修を引き受けてくれたのも計り知れないほどの力になっただろう。

しかし一度転がり出したプロジェクトは、市民の力で雪だるまのように大きくなり、堅固になり、やがて勢いをつけて転がりだすことになった。

そのエンジンは、市民と、それに賛同・協力したいと思う外部の人々の思いだった。最初のひと転がしだけを私が担当したに過ぎない。あとは、気持ちをひとつにした人々が実現してくれたのだ。

始まりはあのプロモーション動画だった。動画に描かれた異世界を、現実の世界でどうやってリアルに再現できるのかが、「湯〜園地」プロジェクトの焦点になった。そこには大小さまざまな難問が待っていた。その解決のために、いつも祭りで世話役になる「まちの猛者たち」が知恵を出し、汗を流し、具体化のための方策を示してくれた。その方策に基づいてプロジェクトを最適化して、人を集め、資金を募り、市民の皆さんと、支援してくれる全国の皆さんが一緒になって実現化のためにアイデアを持ち寄り汗を流して奮起した。その結果、動画に描かれた世界そのままではないが、むしろそれを上回る素晴らしい世界が、別府のひとつの象徴的な場所であるラクテンチで実現した。このプロセスこそが「湯～園地」のレガシー、未来に継承すべき財産だと思っている。

よく一度限りのイベントの成功で終わりなら、それほど意味がないのではないかと言われることがある。「湯～園地」プロジェクトに参加した方なら、それは大きな間違いだとおわかりのことだろう。私たちは、別府純度１００％の「まつり」を、自分たちの手で作った。別府の最大の観光リソースである温泉を使い、それを超える別府の宝物である「おもてなし」の精神を加えて、全国、および海外の人々までも感動させる「まつり」を作り上げたのだ。

これが私たちの誇りであり、ここまでのプロセスそのものがレガシーである。

「革命」的だった新しい「まつり」の創出

樋渡氏の言葉の中には、「革命」という言葉があった。これも私の思いと響きあう。この計画は全国の地方自治体の中でも類をみない挑戦だった。

私は「湯〜園地」は投資効果を優先して行うイベントとは考えなかった。これを「まつり」と捉え、別府の歴史から来る誇りを守り、誇りを再生するために必要なものだと考えていた。

そこで、中央の広告代理店やプロモーション会社に頼るのではなく、別府市が自前でできることを全部やって、あるものとあるものを掛け合わせて、まったく新しい、斬新な価値を生み出すことにこだわった。何か新しいものを作ろうとしても、過去の経験の積み重ねを無視しては成功しないと思っていたからだ。

それよりも、別府の誇りを築いてきたものは何なのかを、宝探しのように探りあて、それを徹底的に磨き、その価値を高めるために何ができるかを考えた。究極の「地方創生」。それが「湯〜園地」だったと考えている。

投資効果を見積もるなら

しかし、いくら投資効果を考えなくてもよいとは言っても、やはり大幅赤字では良いはず

●「湯～園地」の経済効果 推計

「湯～園地」開催日	2017年7月29～31日
開催場所	別府ラクテンチ
運営費	約9000万円
うちクラウドファンディングによる出資	3396万6585円
来園者数	9165人
うち 日帰り客	65.7%※
市内宿泊客	34.3%※
市外からの来園者	78.1%
消費総額	8242万円※
市内への経済波及効果	1億8547万円※

（※大銀経済経営研究所算出）

がない。地方自治体の方は、どうしても収支のバランスが気になるだろう。最優先ではないにしても、必ず考えておかなくてはならない要素ではあろう。「湯～園地」は、結果的に上に掲げるような経済効果を出せて、単純に見ても黒字になったと考えている。ただしこれには、別府市のブランドがこの取り組みによって強化され、知名度や好感度をおおいに高めた効果は計上されていない。これは積算できるものではないが、広告宣伝費に換算したら数100億円以上だと見積もっている。全国ネットはもちろん世界中のテレビやラジオ、新聞・雑誌、ウェブメディアなど、あらゆるメディアから取材を受け、情報を発信すると、個人のブログやＳＮＳでその情報がまたたく間に広範囲に拡散されていった。こちらの側は、プレスリリースや記者発表などのごく当たり前のことしかやっていないが、企画の面白さにより、ひとりでに広報・宣伝が行われていったのだ。テレビに広告を出稿することを考えたら、コストパフォーマンスは桁違いによいことになる。

もうひとつの「革命」は自治体主体のクラウドファンディング

もうひとつの「革命」的な取り組みは、クラウドファンディングである。地方自治体の「まつり」は、住民の寄付と税金で資金を賄うケースがほとんどだが、「湯～園地」には税金は一切使わないと決めていた。そもそも熊本地震で宿泊客が激減して税収が減ることが予測されていたから、税金を投入することは理解されないと考えていた。寄付は、市内の企業などの有力者から一定のご協力はいただけるものと思ってはいたが、それよりも、別府の良さを全国に発信し、別府のアイデアに興味を持っていただける方個人個人から資金を集めたいと考えた。資金を提供するということは、その企画に賛同し、何か役に立ちたいという気持ちがあるからに違いない。今まで寄付をしたことがない人でも、この形でなら気軽に資金提供ができるのではないか。また、いったん協力したいと思ったなら、お金だけではなく、具体的にボランティアなどで手伝いをしたいと思ってもくれるはずだ。またお金を提供する先の自治体が、どんなところで何をやろうとしているのか、必ず関心を持ってくれるはずだ。それが別府市の知名度アップや市政への理解にも結びつく。こうしたさまざまなメリットを期待して、クラウドファンディングを始めることに踏み切った。

地方自治体としての前例はほとんどないし、リスクもあるかもしれないが、必ず成功させる。そう心に誓って前に進んだのだ。

「湯～園地」実現とクラウドファンディングはセットで考えていた。それは最初のプロモーション動画を制作する段階から決めていた。だからこそ、動画は「公約動画」とした。もし資金が集まらなければ「それみたことか」とばかりに非難されるだろうし、資金が集まっても実現ができなかったら、それこそ重大な責任を取らなければならなくなる。そのリスクを冒してもやりたいと、私は思っていた。それだけの価値がある自治体の挑戦だと考えていたのだ。しかし、世間の評価、特にテレビなどのメディアの評価は違っていた。そんなリスクを冒すようなことを、動画で公約するなんて無謀だという論調で、実現はできないだろうと決めてかかるキャスターもいたほどだ。誰かは言わないが。私には「やっちゃった市長」という枕言葉というか、呼び名がつけられた。これは大変名誉なことで、最初からやらかすつもり満々であった。

行政には魅力的な企画構想力が必要

なぜ実現を確信できたのかと言えば、私の中に別府をどうすべきかという最終的なデザインがあったからだと思う。樋渡氏は「周到に準備された研ぎ澄まされた革命」という表現をされた。そこまで周到だったかと言えば、その後の細かい課題解決のドタバタを思えば大きなことは言えないのだが、１本の筋が通った構想と計画があったことは間違いない。

行政に今求められているのは、税金をどう配分するかではなく、住民や周辺の人々が協力して一丸となって実現したいと思うような、魅力的な企画の構想力だ。そのグランドデザインなくしては、人口減社会のなか、まちに人を呼び、定住・就労を促進し、経済を発展させ、豊かに安心して生活を送ってもらうことはできない。「湯〜園地」は、まさにそのことを改めて、強烈に自覚させてくれるプロジェクトだった。市役所の職員にとっても、古くからの祭りの中心メンバーにとっても、市民それぞれにとっても、これは絶好のパイロットケースだったと思う。

2 強靭なマインドを育む魅力的なグランドデザイン

住民が誇りを持てるまちづくりこそが「地方創生」

「湯～園地」は、まさに別府らしさを生かした挑戦だった。別府市民のための「まつり」なので、他の市町村でそのままコピーできるような取り組みではないだろう。しかし、別府ならではの部分と、多くの地方自治体に共通する部分とがある。本質的な部分は、どんな地方自治体にも共通して通用するのではないかと思う。

その本質的な部分とは、「人」である。そこに住む人、これから生まれてくる人、あるいは海外を含め外部からやってくる人、それぞれがまちに愛着を持ち、自分が帰属するところなのだという自覚を持ち、このまちの住人だ、関わっているのだという誇りを持てることが重要なのだと考える。これこそが、「地方創生」という言葉の本来の意味だと思う。愛着や誇りをどうやって持ってもらうのかは、自治体によってさまざまな方法があるのではないかと思うが、人と人とが語り合い、協力しあって何かを成し遂げるという経験がなければ、なかなかおぼつかないのではないだろうか。

別府では、地域の特徴と強みを生かした「娯楽」が地域振興のポイントになったが、必ずしも娯楽だけが地域振興のテーマではないはずだ。しかし、娯楽であることにより、地域住民を巻き込みやすかったのは事実である。プロのクリエイターの力を借りて、地方自治体でも中央の大規模投資プロジェクトに匹敵する効果が生み出せた。そこに、他の地域の方にもヒントにしていただける部分があるのではないかと思っている。

行政が覚悟を決める。いかに市民を巻き込み、マインドを作っていくか

別府市は、「まつり」を市民が作りあげることで、心をひとつにすることができた。他の市町村でも、何かのきっかけがあれば、同じような化学反応が起きるのではないだろうか。重要なのは、行政がまず思い切って動き出すことだ。そこにいかにして住民や観光客を巻き込み、一緒に汗をかくことができるか。そのプロセスが最も大切なのだ。いまあるマインドをリセットして、いかにそのまち独自のマインドを持ってもらうか。すべてはそのことに尽きると思う。

3 ネクスト「湯～園地」

別府のよいところと悪いところ

最後に、「湯～園地」プロモーション動画の冒頭にでてきた「遊べる温泉都市構想」について、現在考えていることを述べようと思う。ただし、まだ正式に決まったことは何もない。基本的な考え方だけを記しておきたい。

別府市では地方創生の総合戦略を「べっぷ『感動・共創・夢』会議」で議論している。そこでは、別府のよいところ（魅力・資源）と、不足しているもの（課題）が分析されている。少し趣旨がずれるが、これは特に市民の皆さんには知っておいていただきたいことだ。この現状分析から、今後の「遊べる温泉都市構想」の方向が決まるからだ。

【別府市の魅力・資源】

・豊富な温泉…源泉数、湧出量は日本一。泉質は世界中にある10種類のうち7種類が存在。温泉の2階に公民館があるなど、コミュニティの中心に温泉がある。

・美しく、特色ある自然・景観…朝日を浴びた海岸線、夜景などは素晴らしく、海と山が揃っている。戦災を免れて今も残るまちなみや路地、温泉風情がある。
・国際性豊かな学生…高等教育が充実（別府大学、ＡＰＵ、溝部学園）。約８０００人の大学生がおり、外国人留学生が約３５００人（人口当たり留学生数は日本２位）。大学生の別府愛はハンパではない。
・充実した医療・福祉…高度かつ専門性の高い医療機関、福祉施設が充実。高い障害者雇用率。
・発信力のある文化・芸術等のイベント…アルゲリッチ音楽祭、混浴温泉世界（ＮＰＯ法人ＢＥＰＰＵＰＲＯＪＥＣＴ）、別府八湯温泉泊覧会（ＮＰＯ法人ハットウ・オンパク）。

【別府市に不足しているもの・課題】

・情報発信が不十分…資源、魅力はあるものの、内外に対して情報発信が十分にできていない。統一的な戦略やストーリーがないので、情報発信もバラバラに行われている。例えば温泉の魅力を伝え切れていない。
・産官学金労言（産官学および金融、労働界、マスコミ）の連携がない…官民が話し合う場がなかった。個々の取り組みがバラバラで、連携ができていない。学生、留学生という資源を活用できていない。

・雇用の不足…大学の卒業生、U・Iターン人材の受け皿となる雇用がない。若い人の起業を応援する仕組みがない。

・二次交通が未整備…駅から観光地、また大学と市内を結ぶ二次交通が整備されていない。高齢者、障害者がまちを移動するための公共交通がない。

・バリアフリーや子育て環境が不十分…ユニバーサルデザインの施設が少ないなど、高齢者、障害者にとって優しいまちとはいえない。

よいところは「多様性」と「受容力」、悪いところは「個々の取組、プレイヤーの頑張りに依存し、ベクトルがバラバラになっているため、多様・豊富な魅力、資源を活用できていない」ところとまとめられている。そのとおりだと思う。

別府市の総合戦略としては、よいところを大切にし、また伸ばし、悪いところを改善していくことに尽きる。ただし、各ポイントはそれぞれ関連しあっているので、解決策は複雑になる。具体策は「まちをまもり、まちをつくる。べっぷ未来共創戦略 ― まち・ひと・しごと創生別府市総合戦略 ―」に記しているので、ご興味があればお読みいただきたいが、「遊べる温泉都市構想」と強く関連するのは、この中にある「世界一の温泉観光都市への挑戦（新たな観光資源の開発と進化）」の部分である。

「東洋のブルーラグーン」が、遊べる温泉都市構想の「ステップ3」

ここにはずいぶんたくさんのアイデアが記されている。もちろん全部やりたいことばかりだが、「遊べる温泉都市構想」として筆頭になるのは「東洋のブルーラグーン（仮称）」の開発である。

「ブルーラグーン」とは何かというと、アイスランドのレイキャヴィーク近くにある世界最大の露天風呂リゾートだ。「温泉治癒効能を持つ温かくミネラルを大量に含んだユニークな塩温泉」（アイスランド観光文化研究所）だというが、地熱発電所で汲み上げた地下海水を排熱で温めた（約70℃）人工温泉である。歴史も浅いのだが、驚くべきなのはその広さで、入浴できるスペースだけで約２４００平方メートルあるのだ。青く広がる広大なラグーン全部が温泉である。常時６００万リットルの水量があり、40時間ごとにすべて新しく入れ換えるのだという。

このブルーラグーンを超える、世界一の露天風呂＝温泉スパリゾートを新しく作ろうというのが「東洋のブルーラグーン構想」である。これが整備できれば、非常に強力な観光資源となる。この施設では、水着で1日過ごせる温泉スパリゾートを基本とし、一人旅・家族連れ・カップルでの新しい楽しみ方、健康や美容メニューとの融合、市民利用への特別優待料金の導入などを踏まえて検討しているところだ。湯量の確保に心配はあるが、現在捨てている温泉をうまく使うことで確保できると考えている。

「遊べる温泉都市構想」は、これまで「湯・ぶっかけまつり」（ステップ1）、「湯～園地」（ステップ2）と段階を踏んできた。「東洋のブルーラグーン」はステップ3になる。これには「湯～園地」の困難をさらに上回る、とてつもなく高いハードルがあるとは思う。しかし、想像してみよう。別府のまちの中に、世界最大の露天風呂があり、しかもそれは天然温泉であり、全国の温泉ファンが認める泉質なのだ。別府圧勝である。

ただし、具体的に発表できることはまだ何もない。また、これとは別の企画がステップ3の前に2・5や2・7といった感じで展開されることもあるだろう。遠からずまた何か仕掛けるのは確実だ。どうか、期待して待っていてほしい。

さて、「湯～園地」プロジェクトに参画した皆さんに感謝の思いを伝え、またプロジェクトの記憶をとどめ、さらに他の地方自治体の方に参考にしてもらおうと書いた本書だが、そろそろ筆を置くことにしよう。だが、関係者や来園者の皆さんに、どれだけ感謝してもしたりない思いだ。「湯〜園地」の幕が下りてからほどない頃、フェイスブックの私のページに書いた文章がある。これにも私の心からの謝意と感動とを、魂をこめて記している。改めての謝辞とはなるが、次のページから、そのときの言葉を再録する。こちらもご一読いただければ幸いだ。

謝辞（あとがきにかえて）

（フェイスブックへの投稿再録）

3日間限定の「湯～園地」が終了しました。

なんだかずっと一緒にいた同志とお別れする気分です。本当にたくさんの壁にブチ当たりました。しかし！　必ずクリアして実現できた夢の「湯～園地」。

今から2年前、ある方が奇才との縁を繋いでくれました。この出会いがなければ、あの「湯～園地」動画は誕生しなかった。

そう、彼こそが総合監修を手掛けた清川進也氏。まずは、このご縁を繋いでくれたFさんに心から感謝申し上げます。

私も直感を大切にする人間で（しかしこれがほぼ当たる！）、清川氏とは必ずどこかで仕事をするだろうな、と、この初対面で確信しました。その数カ月後、実際に仕事をすることになったわけです。

清川進也さん、あなたのような奇才で天才で、それでいて「間違えない」人に出会えて、私の人生は豊かになりました。ありがとうございます。

よくメディアの方からもお尋ねがありました。

「なぜこのような動画を発表されたのですか？」

その度に、こうお答えしてきました。

「この動画は観光客の皆さんに向けてつくったものではありません」

では誰のためにつくったのですか？

「別府市民の皆さんに向けてつくったものです」

地方で汗を流して頑張る人なら理解していただけると思います。


よく地方創生という言葉を聞きますよね。

それって、つまりどういうことなんでしょう。

何をすることなのでしょう。

最終的には、そこに住む人、これから生まれてくる人が、そのまちに愛着を持ち、誇りを持てるようなまちをつくることなのだと思うし、いかにそのプロセスの中でその事を実感できる仕掛けをつくっていけるか、ということだと思うのです。

スキルやキャリアは大事です。しかしマインドをどう持つか、持ってもらうかが今は一番大事な気がします。

動画を公開した昨年11月以来、私には「やっちゃった市長」というレッテルが貼られました（笑）。

だけど、最初からやろうという気があったから動画を公開したわけで、いずれは100万再生は達成するだろうと思っていたわけです。

そう、いずれは…。

それがナント丸3日で達成されてしまいました。感覚的にはお昼ご飯食べてゆっくりしてる間に達成して大慌て、みたいな感じです。

今回の「湯～園地」計画は思いつきで始めた、そう思っている方もたくさんいらっしゃると思います。半分正解です！（笑）

しかし、昔からある思い出のラクテンチと昔からある温泉とを掛け合わせて全く新しく斬新な価値を生み出したい、という基本コンセプト、100万再生で実現しますという世界初の公約連動型ムービー、それをそのままクラウドファンディングに結びつける、という流れ。これを最初から期待していました。

結果は出来過ぎだったかもしれませんが（笑）

私の尊敬する方がSNSで、この実現までのプロセス段階で成功だ、と評してくださいました。私もまさにその部分を声を大にして言いたいのです。

確かにあの動画の世界を出来るだけリアルに忠実に再現するためには、たくさんのハードルがあり、皆で大変な議論もしました。ですが、議論をし、不可能を可能にする、さらには動画の世界を上回る世界観を実現させようと汗を流して努力する、その姿こそ、今の私たちに必要で大切にしたいチカラです。

知識人の方の中には、「来年以降もずっと継続できないイベント開催で、この先一体どうするのか？」と言われる方もいました。

地域に本当に必要なもの、本質的なものを見る目が必要です。目の前の数字だけでなく、将来に渡って残していくべきものは何なのかを。

これは「イベント」ではありません。「まつり」です。なぜなら地域振興策だから。当然採算については支援していただいた9000万円という数字があり、経済効果にしても期待していました。しかし、私たちが今回手にした武器は「結束」です。「自分たちの事は自分たちでやる」という自立の精神であり、ふるさとに対する「誇り」です。これこそがレガシーです。

そして今回の「湯〜園地」実現の最大功労者は、ぶっちぎりでボランティアスタッフの皆さん！

これはメディアやSNS投稿で、お客様から絶賛の嵐！

3日間で延べ約1100人のボランティアスタッフの皆さんに関わっていただきました。ただひたすらに、感謝、感謝、感謝。感謝です。

驚くのは、ボランティアスタッフの皆さんには役割のお願いをしていましたが、ケーブルカーのお客様をうちわで扇いだり、並んでいるお客さんに熱中症予防の水をかけたり、笑顔での最高最強のおもてなし、これ全て、ボランティアスタッフ自ら考え自発的に動いてくれた結果なのです。まさに神対応。素晴らしい！　アッパレ！

そして最も心配された熱中症対策では、新別府病院の医師、医療スタッフの皆さんが3日間ドクターカーを常駐させ、見守っていただきました。

大分県薬剤師会の皆さんは、経口補水液を４０００本無償提供してくれた上に、園内各所を歩いて健康チェックをしてくださいました。

重病者を出すことなく無事終了できたのは、皆さんのバックアップのお陰です。ありがとうございました。

また、何と言ってもラクテンチさんのご協力なしにこの企画は実現しませんでした。動画が１００万再生された直後のラクテンチの担当の方のインタビューで、「これはできないと思います」との衝撃発言を聞いた時、オレも終わったなと思いました（笑）。

岡本社長さんや現地スタッフの皆さんの熱意、地元愛で最大のご協力をいただきました。ラクテンチは私たち別府人にとって、思い出の詰まった宝箱です。（あ、涙出てきた）この場所だからこそ成し得た「湯～園地」だと思います。

最後に。メディア、SNSなどで私個人に対して大変恐れ多い、過分な評価をいただいています。それは率直に嬉しい事です。

ですが、そのご評価を正当に受けていただきたいのは、何度も言いますが、運営に携わってくれたスタッフ、ボランティアの皆さんです。

いつも私ばかりがメディアに取り上げられ目立ってしまいますが、目立たない場所で懸命に汗を流し、支えてくれた方々がいてこそ、私が調子に乗って喋ることができるわけです。

私自身が過去、ずっとその立場でしたからよくわかります。

私がいただいた皆さまからのお礼や高いご評価は、全て運営スタッフ・ボランティアの皆さんのものです。言うだけ番長としては、実現していただいただけで感無量です。

最後の最後です。

関わっていただいた全てのスタッフの皆さん、ボランティアの皆さん、「湯〜園地」にご来園くださった皆さん、本当にお世話になりました。ありがとうございました。

現在進行形でありながら伝説になり、歴史になるという「まつり」の証人になれたこと、スタッフのひとりとして参加できたことの喜びを噛み締めながら、また次へと遺伝子は引き継がれます。

さて、次はなにやろう？（笑）

お楽しみに!!

ありがとうございました!!

別府市長　長野恭紘

著者プロフィール

長野恭紘（ながの やすひろ）

大分県別府市長

1975年4月16日生まれ。大分県別府市出身。代議士秘書を経て別府市議会議員2期当選。市長選では2度の落選を経験するも、2015年に別府市長に初当選し現在に至る。「やりすぎくらいがちょうどいい」を合言葉に、市民とともに、心をひとつにまちづくりに奔走する。

長野恭紘公式ホームページ
http://www.y-nagano.com/

清川進也（きよかわ しんや）

音楽家・プロデューサー

1976年10月23日生まれ。福岡県飯塚市出身。武蔵野美術大学非常勤講師。「拡張音楽」をコンセプトに音楽の枠を飛び越え新たな機能性を追求する音楽家。2011年、自身の故郷である福岡県筑豊地区で制作した『森の木琴』が、カンヌライオンズ国際クリエイティビティ・フェスティバルにて3冠に輝くなど世界的な大ヒットとなった。

清川進也公式ホームページ
http://kiyokawashinya.tumblr.com/

編集／土肥正弘
装幀／和田悠加

別府式 湯〜園地大作戦　（べっぷしき ゆーえんちだいさくせん）

2017年12月07日　初版第1刷発行
2018年 1月11日　初版第3刷発行

著　者：長野恭紘・清川進也
発行者：内田雅章
発行所：TC出版
〒104-0061　東京都中央区銀座3-11-3 LEAGUE402
TEL 03(6278)8763／FAX 03(6278)8769
発売元：有限会社万来舎
〒102-0072　東京都千代田区飯田橋2-1-4
九段セントラルビル803
TEL 03(5212)4455
E-Mail letters @ banraisha.co.jp

印刷所：株式会社エーヴィスシステムズ

ISBN978-4-908493-20-1